ハンドブック

学級担任の基本

小島 宏 編

教育出版

編者・執筆者一覧

■編　者

小島　　宏　(財)教育調査研究所

■執筆者（執筆分担）

小島　　宏　(財)教育調査研究所（1章，5章）

片岡眞幸　東京都杉並区立済美教育研究所（2章）

北村文夫　玉川大学（3章）

菊地　　英　東京都墨田区立中和小学校（4章）

横山　　正　東京都杉並区立和田小学校（6章）

櫻橋賢次　東京都品川区立大井第一小学校（7章）

寺崎千秋　東京都練馬区立光和小学校（8章）

はじめに——教師としての生き方の確立のために

○子どもの「未来をつくる」手助けがしたいと思って教師になりました。
○子どもが大好きだからです。
○教師という仕事は、私にとって生きがいであり、人生そのものです。

教師になる人には、このように純粋でひたむきな人が多いのです。子どもの成長が我が喜びであり、そのために意欲的に自分をみがき、高めようとしています。

しかしながら、その思いが現実のものにならず、自分はこれでよいのだろうか、自分は教師に向いていないのではないか、などと思い悩む人は少なくありません。これは、教師という職業に対して誠実に取り組んでいるからこそ湧き出てくる悩みであり、あせりなのです。

この悩みを和らげ、自分の教師生活に今より自信をもてるようにし、子どもの日々の成長への喜怒哀楽を素直に感じられるようになるためには、「子ども自身が自分の未来をつくる手助けをしてやりたい」という思いを実現できる教師としての自分をつくりあげる具体的な努力をすることが必要だと思います。

子どもに基礎学力を定着させ、自分をみがき、他とのかかわりを求め、未来をつくり出していけるようにするためには、次のようなことが必要だと思います。なぜなら、教師とは、子どもの成長を育てる哲学をもった職人だと思っているからです。

○教育とは何かということについて、これからも考え続けること。

○自分と友達と社会と世界のために活用できる基礎学力を、子どもたちに確実に定着させられる「授業力」を身につけること。

○子どものよい点を見つけて認め、励まし、自信をもたせ、不十分な点やつまずきを知らせ、援助して乗り越えさせられる「評価力」を習得すること。

そこで、これらを具体的に学ぶ手がかりになるものができないかと、教師仲間のメンバーが集まって雑談しているなかから、このような本が生まれました。読者の悩みに答え、教師としての自分を整理し、さらに前向きに、元気に、明るく歩み続ける一助になりましたら大きな幸せであり、私どもの喜びです。あわせて、ご批正もお願いいたします。

なお、私たちの曖昧模糊とした思いをこのような形に組みあげてくださいました教育出版の阪口建吾氏に対して、特に名を記して感謝申しあげます。

平成一六年初春

編者　小島　宏

目次

8章　「力量」の向上──〈研修〉と〈実務〉の基本と工夫

1章

「学力」を確実に定着させる

〈授業〉と〈評価〉のポイント

1 「学力」を解剖する

(1) 「学力」の捉え方

① 伝統的な「学力」の捉え方と進化

一九世紀中葉からの「よみ・かき・そろばん」、二〇世紀前半までの「読・書・算」は、学力の捉え方として伝統があります。しかし最近は、「読・書・算に加えて、理解力、思考力、創造力、問題解決力など」と進化してきています。

② 学習指導要領における「学力」の捉え方

現行指導要領では、学力を「知識や技能に加え、学ぶ意欲や自分で課題を見つけ自ら学び自ら考え主体的に判断し行動しよりよく問題を解決する資質や能力等」と捉えています。つまり、知識技能、学ぶ意欲、学び方、課題発見能力・問題解決能力、思考力、判断力、表現力などです。

4層＼領域	知的教育の領域	情操教育の領域
第Ⅳ層	自ら見つけた問題の解決力の育成（生活、総合）	音、図、体
	自己学習力の育成	
第Ⅲ層	与えられた問題の解決力の育成（社、理）	
第Ⅱ層	基礎的スキルの定着（算・数、国、英）	
第Ⅰ層	価値や態度の形成（特活、道徳）	

学力の捉え方①（『学校経営』15年6月加藤論文を要約）

③　最近の「学力」の捉え方

最近は、②を別の角度から見たような「学ぶ力（学習意欲）」「学びとる力（思考力、判断力、表現力など）」「学びとった力（知識、技能など）」と捉える考え方もあります。現在の子どもの学習意欲の減退、生きる力の育成、活用できるような知識・技能を身につけることといった課題を意識しています。

(2)「学力」を解剖して構造化する――

①「四層二領域」の構造

加藤幸次氏は、第一に「基底の層」、第二は基礎的スキルを定着させる「基礎的スキルの層」、第三は「教師から与えられた問題を解決する力を育成する層」、第四は「自分が見つけた問題を解決する力を育成する層」として教育活動を捉え、これら四層と二領域から形成される総合的な力が、「生きる力」といわれている学力であると考えているようです。

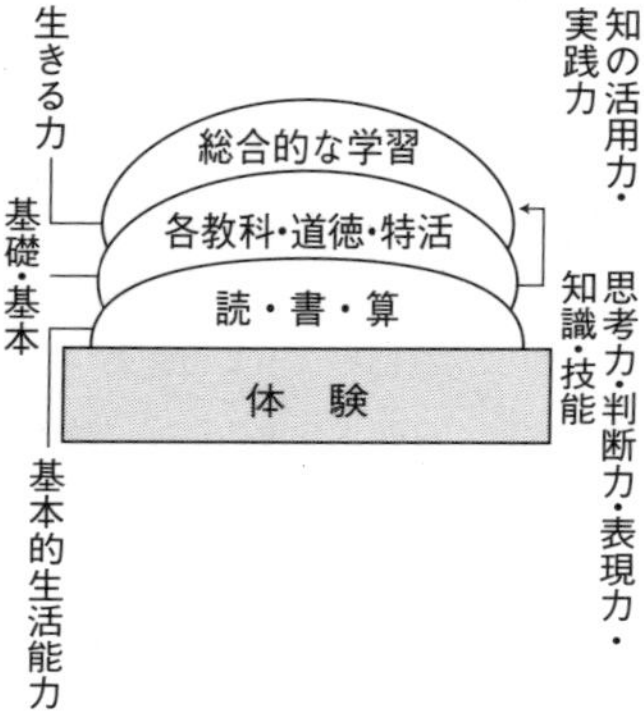

学力の捉え方②
（「知の総合化を目指す授業」文渓堂
児島論文を要約）

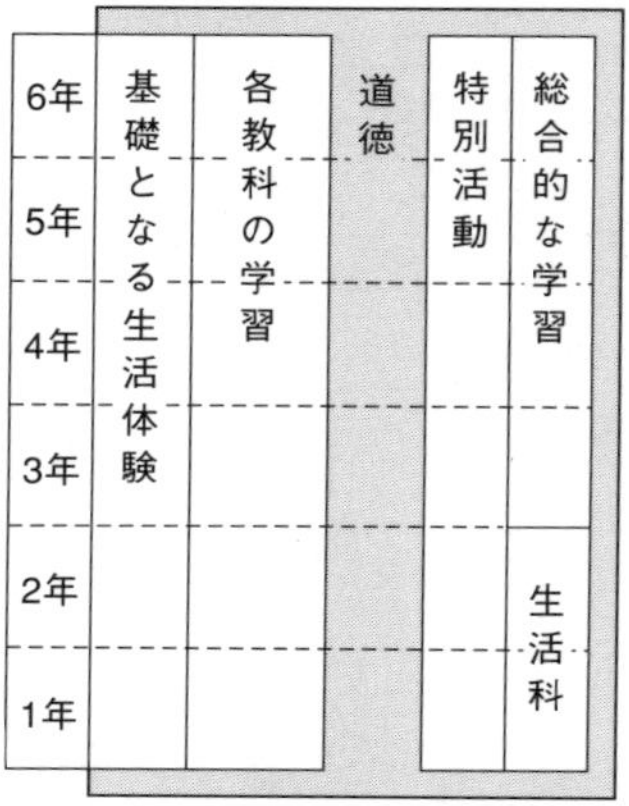

学力の捉え方③
（どの段階でも基礎・基本と生き方が
一体型の捉え方）

②　「重ね餅」的学力観

児島邦宏氏は、基礎的な体験の上に第一層「読・書・算」に代表される教科等を支える学力、第二の層に学習指導要領に示す「基礎的・基本的な内容」、第三の層に「生きる力」が積み重なっていくと捉えています。

③　「一体型」の学力の構造

基礎・基本を定着させ、その上に高次の能力・態度を育てるという考え方をすると、「まず漢字と計算ドリルを徹底させよう」というような誤解が生じます。三宅宏氏は、「基礎・基本」を学ぶ過程でも「生きる力」を、「生きる力」を育成する過程でも「基礎・基本」を学ぶようにする学力の構造を提案しています。子どもの学習の実態に合った捉え方としての主張のようです。

2 「学力」を高める各教科の授業と評価のポイント

(1) 各教科の授業の進め方

各教科の授業は、基礎学力の定着、つまり「子どもが考えるようになる、分かるようになる、できるようになる、学習したことが活用できるようになる」ように行うものです。

そこで、①目標を明確に設定する、②評価基準（規準）を設定する、③どのような内容を選択し、④どのような学習活動を通して、⑤どのように子どもを援助していくかなど、十分な計画と準備をして授業を進めるように日ごろから努めることが大切です。十分な計画と準備をしてのぞむ授業の連続が、授業力と評価力など教師としての専門的な力量を徐々に高めていきます。

はじめは成功感より、ああすればよかった、これは失敗だったとほろ苦い思いが続くでしょうが、それは努力しているから感じることで、教師として成長しつつある証拠です。

(2) 評価の三つの機能

① 教師の指導法の改善に生かす評価

評価の第一の目的は、授業のなかで「P計画する→D指導する→C評価する→A援助する→C確認する」ことを適切に行い、授業の指導目標（評価基準）に対する子どものつまずきや活動の情況を捉えて、援助の手立てや指導法の改善に役立てることにあります。

② 子どもの学習の改善に生かす評価

第二の目的は、子ども自身が、自分の分かっていること、まだできていないこと、考え方の様子など、学習の状況に気づき、自分の学習の進め方を見なおせるようにすることにあります。このように子どもの学習の改善に生かすためには、教師が評価情報を子どもに伝え、学習相談にのることが大切です。これは、子どもの自己評価力を高めることにも深くかかわっていきます。

③ 指導計画・教育課程の改善に生かす評価

第三の目的は、子どもの学習状況を総合的に捉えることにより、子どもの学習を進めやすくするために指導計画を修正することにあります。もちろん、もっと全校的に考えた場合には、教育課程の改善につながる生かし方もあります。

(3)　評価の三段階

①　授業のなかの評価

評価でいちばん大切なことは「授業のなかで行う評価」です。子どもが分かったかな、できるようになったかなと漠然と気にかけているだけでは、「評価」ではなく単なる「心配」です。「どのくらい」分かっているのか、「何が」できないのか、「どこに」つまずいているのかを捉えて、それを分かるようにし、できるようにし、乗り越えさせるよう子どもに具体的な援助をする営みが、評価なのです。毎日の授業のなかの「指導し、評価し、援助する」ことをきめ細やかに、温かく、確実に繰り返すことが評価の神髄であり、「子どもを成長させる評価」なのです。次ページの例のように、評価方法と援助の手立てを明確にしながら授業にのぞむとよいでしょう。

②　指導計画の評価

毎日の授業のなかの「指導と評価と援助」の様子から、指導計画のよい点と問題点が分かってきます。途中で指導計画を変更することもあれば、急がなくてもよいことであれば次の年度に向けて改善する場合もあります。授業を支えるのは、十分に検討された指導計画（学習指導案）ですから、これに対する評価も大事なことです。

評価方法と援助の手立て（例）

単元の目標を達成するために、次のように評価を進める。

○節目ごとに、学習の感想を書かせたり話し合いをさせたりして、評価を活用する。
○考える過程を大切にするために、具体物の提示やワークシートの工夫をする。
○全児童にB基準を達成させるために、少人数習熟度別学習を取り入れる。

	視点と手がかり	評価（◎○△）と援助の手立て
関心・意欲・態度	・授業中の発言 ・ノート ・ワークシート ①既習事項の活用 ②計算のよさ ③計算の活用	◎小数や小数の計算のよさ、小数を活用している場面を探し、まとめさせる。 ○小数も整数と同じように十進法をもとにして考え、加減計算の練習問題に取り組ませ、習熟させる。 △・2.3cmや1.5ℓなど、身近なところから小数探しをさせ、$\frac{1}{10}$の位の小数の存在に気づかせる。 ・図や数直線を示して十進法を活用し、数の相対的な大きさを説明する。
数学的な考え方	・授業中の発言 ・ノート ・ワークシート ①見通し ②既習事項の活用	※すべての子どもを適用問題に取り組ませ、考える体験を充実させる。 ◎自分で考えた計算の仕方を分かりやすく説明するための方法を考えさせる。 ○計算の仕方の説明を考えさせる。 △数直線や十進法をもとに説明し、既習の計算を用いて計算の仕方を確かめさせる。
表現・処理	・ノート ・ワークシート ・小テスト ・単元末テスト ①小数の表し方 ②立式と計算	◎適用問題や応用問題に挑戦させる。 ○練習問題に挑戦し、間違えた問題の理由を考えさせる。 △0.1をもとにして考えさせ、計算の仕方を確かめる。
知識・理解	・授業中の発言 ・ノート ・ワークシート ①意味と表し方 ②計算の仕方	◎立式、計算の仕方を分かりやすく説明させる。 ○立式、計算の仕方を説明させる。 △1と0.1の関係を考えさせたり、十進位取り記数法の仕組みを示して説明のヒントを与えたりする。

③　教育課程の評価

毎日の授業のもとになるのは指導計画です。その指導計画のもとになるのは教育課程です。ですから、教育課程がよかったかどうかを評価することも重要なことです。教育課程の評価は学校として全員の教師が協力して行います。教育課程の評価でも、子どもの育ち方の状況を根拠として行うことが大切です。

④　肯定的な評価の重視

私たちは、とかく子どもの不足していること、失敗したこと、不十分なことを探して、それらをよりよくしようと、いろいろ工夫します。でも、そればかりに意識を向けていると、「先生は文句ばっかり言っている」「悪いことしか言わない」と誤解されることにもなります。

そこで、子どものよい点、工夫、進歩したことにも目を向け、肯定的に評価して自信をもたせることも大切です。否定的な評価より、少しでも肯定的な評価を重視したいものです。

(4)　学力を高める評価

①　授業のなかの「指導と評価と援助の一体化」

評価は、基礎学力を定着させ、維持し、高めるために必要不可欠なことです。指導したら評価する、評価したら個に応じた援助をする、援助したらその効果を確認するという、授業のなかの「指導と評価と援助の一体化」が、子どもの学力を確実に高めるのです。

②「朝学習」の評価

「朝学習」と称して単純な漢字や計算ドリルをさせることが流行していますが、その場合、一工夫することが大切です。漢字を用いた短作文、指定した言葉を使う一分間スピーチ、計算を活用した問題解決など、目的と意味のある学習として進めることが大切です。そして、その時、その場で評価するようにします。

③「補充的な学習」と「発展的な学習」の評価

毎日の授業のなかで「指導と評価と援助の一体化」が行われているということは、ごく自然な形で「補充的な学習」と「発展的な学習」をすることにもなります。いずれにしても大切なことは、確認の評価によって、子どもの高まりを確かめることです。

3 道徳の授業のポイント

(1) 道徳教育の全体計画の確認

どこの学校にも「道徳教育の全体計画」があります。道徳教育を進めたり、道徳授業を展開するための拠り所となるマスタープランですから、十分に理解することが必要です。

(2) 道徳教育の学級における指導計画の作成

道徳教育は学校の教育活動全体のなかで行います。その計画が「道徳教育の全体計画」です。これに対して、担任として学級のなかでどう道徳教育を進めるかという計画が必要になります。ですから「道徳教育の学級における指導計画」の作成は、とても重要なことなのです。

(3) 道徳授業の充実

① 指導案の作成

道徳の授業は、国語の読解指導に似てしまったり、くどくどとした説教調になったり、なんとなく曖昧なままに終わりがちになったりします。これは、指導案の作成と十分な準備をしないことが原因です。指導案を作成し、準備をし、心のひだにしみいる授業を子どもは望んでいます。

② 多様な学習活動

副読本や読み物資料を読んで理解し、意見を発表し、ワークシートの吹き出しに感想を書くだけの授業も多く見受けられます。しかし、道徳の授業を子どもの心に響くものにするためには、たとえば役割を決めてその人になって気持ちを想像したり、自分だったらどうするか考えたり、物語にしたり、地域の人を招いて話を聞いたり、紙芝居にしてみたりなど、学習活動を多様に、多彩にし、楽しくする工夫が必要です。

③ 生活に根ざした道徳授業の展開

道徳の時間の場面設定は、いかにも芝居がかったものが多いように感ずることが少なくありません。子どもは大人の仕掛けを見抜いて白けてはいないでしょうか。生活に根ざした、子どもが自分のこととして受け止められる場面をもう少し取り入れる必要があります。

(4)　教材の開発

副読本と『心のノート』

①　副読本

手ごろで使いやすいものに、道徳の副読本があります。これを自分の学級の子どもの実態に合わせて選択したり、一部アレンジしたりして活用するようにします。

②　『心のノート』

道徳の時間をはじめ学級指導などにも使えるものに、文部科学省の『心のノート』があります。一年間を見通して計画的に活用すると、効果的です。

③　自作教材

子どもの実態や生活に合ったものにするため、教師が教材を自作することがあります。地域に密着した教材を開発することもできます。

(5) 各教科などにおける道徳の指導

① 各教科における道徳教育

日常の授業において、各教科の目標をどの子どもにも確実に達成することが、ものの見方や考え方、思いやりの心、他人と協力し合うことなどを育てることになります。また、授業のなかで、互いの意見や感じ方を認め合い、学び合うことができるように教師が配慮し、体験的・日常的に子どもに意識させ、実践させるようにすることも大切なことです。

② 特別活動における道徳教育

特別活動では、生活に密着して、人とのかかわりのなかで考えたり実行したりすることが中心になります。集団の一員としてどのようにかかわり、役割を果たしたらよいか、どのように行動したらよいかを理解し、実践する体験をすることができる重要な領域です。

③ 総合的な学習における道徳教育

総合的な学習では、各教科・道徳・特別活動で学習した知識・技能、考え方、感じ方などを総合的に活用して、課題を解決していきます。したがって学習の過程では、人間性を豊かにするという観点からものごとを検討したり、まとめたりすることを意識するようにすることが必要です。

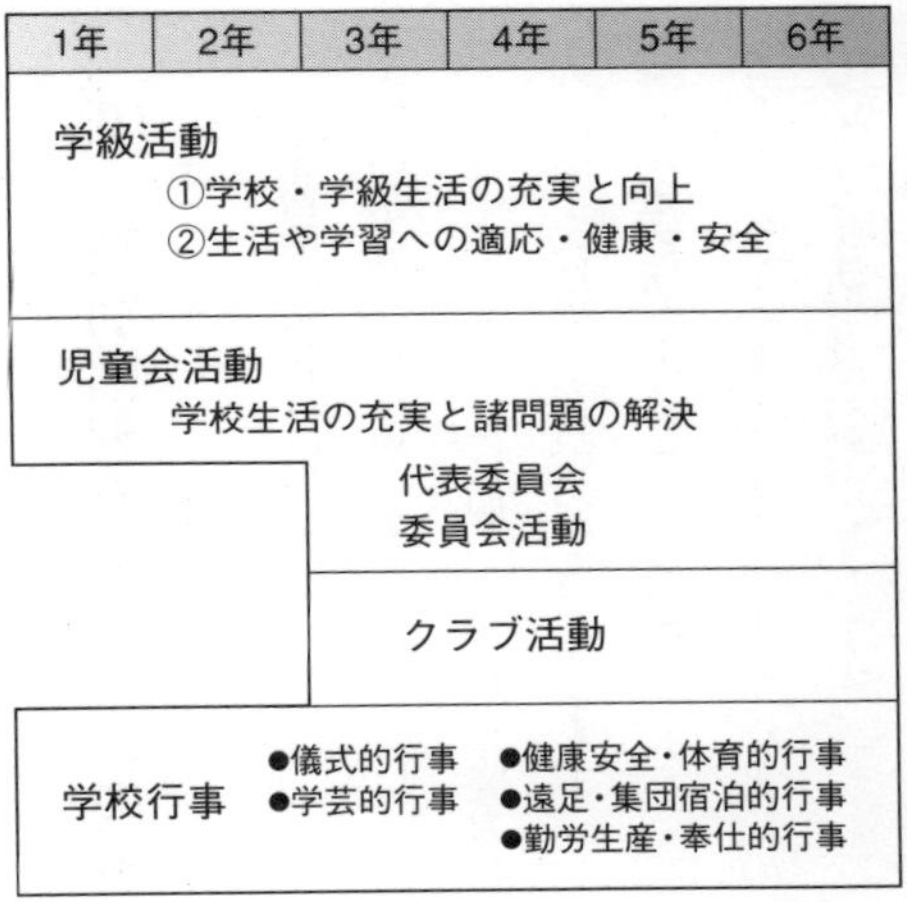
1年
2年
3年
4年
5年
6年
学級活動
①学校・学級生活の充実と向上
②生活や学習への適応・健康・安全
児童会活動
学校生活の充実と諸問題の解決
代表委員会
委員会活動
クラブ活動
学校行事
●儀式的行事
●学芸的行事
●健康安全・体育的行事
●遠足・集団宿泊的行事
●勤労生産・奉仕的行事

特別活動のしくみ

4 特別活動の授業のポイント

(1) 特別活動の構造

特別活動は、上の図のような構造になっていて、望ましい集団活動を通して、第一に子どもが個人として個性的に成長するようにすることをねらいとしています。第二に、集団の一員としての自覚をさせ、協力して考えたり実行したりする自主的・実践的な態度を育てることにあります。つまり、集団的な活動を生活に根ざして行い、個性と社会性を育てるのです。

(2) 特別活動のねらいの理解

① 学級活動のねらいと内容

学級の組織づくりや仕事の分担をして、生活が充実するようにします。また、学級や学校のことがうまくいくように話し合ったり協力したり、問題点を解決したりします。また、生活や学習への適応、健康や安全の学習もします。

② 児童会活動のねらいと内容

学校生活が楽しく充実するように全校の子どもが話し合い、力を合わせて問題点を解決したり、新しいことを取り入れたりします。

③ クラブ活動のねらいと内容

クラブ活動は、主として四年生以上の同じ好みをもった子どもが学年や学級を離れてクラブをつくり、自主的に計画し、運営していく活動です。

④ 学校行事のねらいと内容

学校生活に秩序と変化を与え、学年または学校など集団への所属感を深め、生活や学習の充実と発展につながるような体験的な活動をします。儀式的行事、学芸的行事、健康安全・体育的行

事、遠足・集団宿泊的行事、勤労生産・奉仕的行事のねらいに合った活動が必要です。

(3)　学級活動の重視

「学級崩壊」「授業崩壊」の大部分の原因は、学級づくりの失敗に求めることができます。ですから、学級活動を特に重視して、①きまりを守り合う、②仲よくする、③親切にし合う、④安全に気をつけ合う、⑤楽しくするなどを重視した、和やかな規律ある学級づくりを進めることが大切です。

(4)　家庭・地域との連携

特別活動はどの活動をとっても、保護者や地域との協力なしにはうまく進みません。事前に説明する、活動を公開するなど、積極的に学校（担任）から投げかけていくことが大切です。

5 総合的な学習の授業と評価のポイント

(1) 総合的な学習は「何でもあり」ではない

① 総則の「総合的な学習の時間のねらい」の確認

総合的な学習は、好き勝手なことのできる時間だと誤解している人がいます。学習指導要領の総則の「総合的な学習の時間のねらい」を確認し、「問題解決力の育成、学び方やものの考え方の育成、主体的・創造的に取り組む態度の育成、自己の生き方を考えることや各教科と関連づけて知識技能の総合的な活用ができるようにする」学習でなければならないということを認識してほしいのです。

② 自分の「学校の総合的な学習の目標」の確認

また、各学校は「総合的な学習の時間のねらい」にもとづいて、自分の「学校の総合的な学習の目標と内容」をつくり、それをもとにして総合的な学習の授業を行うことになっています。ですから、「学校としての全体計画」を作成して進めることが大切です。

(2) 総合的な学習の進め方

① 課題解決型の授業を進める

総合的な学習は、自分の決めた課題を主体的・創造的に追究し、自分の生き方にかかわってまとめることが大切です。ですから、課題解決型、探究型、体験型の学習を進めることが大切です。学習の結果得られる知識・技能より、学習の過程で身につく学び方・考え方を重視するからです。

② 「イベント」でない総合的な学習

単に、楽しかった、おもしろかった、満足したという思い出に残るだけの「体験やイベント」は、総合的な学習ではありません。そのもう一歩先まで進めて知的活動を組み入れ、そこから何かを学びとることができるようにしていくことが必要です。遊びは学習ではないのです。

③ 追究過程の充実

総合的な学習では、自己の課題を見つけることに加えて、その課題の解決に子どもが熱中するよう工夫し、解決の過程を充実することがきわめて大切です。追究過程の充実は、子どもに学び方・考え方を育てるとともに、生き方を考える時にそのことが役立ちます。

④ 生き方につなげる

活動をしただけではそれは単なる「体験」であり、思い出の一つにとどまるだけです。活動の過程で出会ったことなどの体験を見つめなおし、そこから分かったこと、感じたこと、自分の考えに影響したことなどを整理し、自己の生き方につなげるような「経験」に変えることが大切です。

(3) 総合的な学習の評価

① 総合的な学習の評価の基本

総合的な学習をどのような観点から評価するかを検討し、各学校が独自の評価の観点を設定することが必要になります。その際、数値的評価によらない評価方法を工夫することが求められています。学校として共通理解した評価を進めることが基本となります。

② 課題発見と解決力への取り組み方を評価する

総合的な学習で重視する「課題発見と解決力への取り組み方」は、評価をする時にも当然重視されます。どのような課題をつくり、どのように追究してきたかは、そのなかで得られた知識・技能や結果に優先して大きく評価されるべきだと思います。総合的な学習が問題解決力や学び

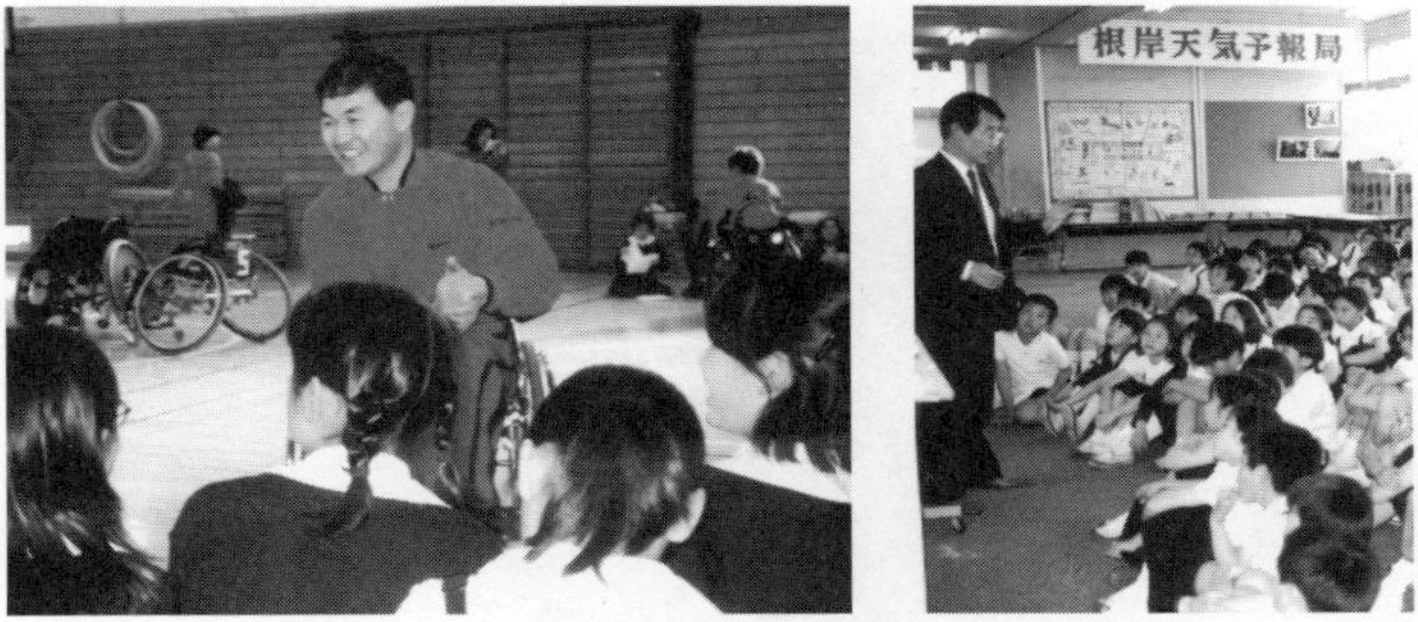

学校外協力者の参加授業

方・考え方、自己の生き方を育てることや知識技能を総合的に活用することをねらいとしているからです。

③　「生き方」も評価する

生き方の評価では、自分とのかかわり、他の人や社会とのかかわり、自分はこれからどうするか、得られた考え方や行いなど、子どもの自己変革、人生、世界観などを評価します。

④　多様な評価方法を組み合わせる

ワークシート、レポート、ポートフォリオ、自己評価カード、観察・面接、アンケートなど、多様な評価方法を選択し、組み合わせて、子どものよさや進歩が見とれるようにします。

(4)　学校外協力者の参加した授業――

総合的な学習では、様々な人々に参加していただく授業が多くなります。教師が計画性と責任感をもって進めることが大切です。

2章

学級を「崩壊」させない

〈学級経営〉のコツ

1 あたたかい子どもとのかかわり

どの子も、自分の学級は心地よい居場所であってほしいと願っています。自分らしさを発揮し、互いのよさなどを認め合い、励まし合い、自己実現できる学級を望んでいます。教師は、こうした子どもたちの願いに応えるため、自分と子どもの信頼関係を核にして、子ども同士や教師間、保護者との人間関係をつくることが大事です。しかし、現状では、授業中に大声を出す、立ち歩く、私語が多く学習が成立しないなどの状況に陥り、「学級の崩壊」に直面することがあります。こうした状況を未然に防ぐには、「共感的な理解」「分かる授業」「一人一人を生かす学級経営」などの研修を積み、教育のプロとしての指導力を向上させることが必要です。

(1) 教師と子どもとのかかわり

学級の子どもたちに寄りそいながら、思いや願いを受け止め、不安や迷いを解消するなど、子どもとかかわり、信頼関係を築くことが何よりも大切です。

①　一人一人の子どもについての理解を深め、適切な指導・援助をする

●一人一人の学習や生活の状況、言動や友達関係の変化、健康状態などを多面的に把握する。
●目に見えることだけでなく、何を感じ、考えているか、何をしたいか、その内面を推察する。
●配慮を要する子、気になる子などが学級のなかで仲間はずれになったりいじめられたりしないよう配慮する。

②　担任と子どもの間に信頼関係をつくる

●教師が心を開き、子どもと一緒に過ごす時間を増やす。
●どんな話や相談にものる。一緒に遊ぶ。分かるように教える。
●優しいだけでなく、厳しく指導する面ももつ。

③　自分らしさを発揮できる活動の場や機会をつくる

●得意なこと、やりたいことなどができるよう出番をつくり、自信をもたせる。
●過程での努力や成果を認め、励ます。協力して遊びや仕事ができるようにする。
●自分を発揮し、安心して人とかかわり、つき合いながら集団のなかでの生活ができるようにする。

- ❑ 失敗した時、励ましてくれる。
- ❑ 自分の気持ちを分かってくれる。
- ❑ 人からほめられる。
- ❑ 協力や応援をしてくれる。
- ❑ 自分の話を聞いてくれる。
- ❑ いやなことを言われる、からかわれる。
- ❑ ぶたれる、つねられる。
- ❑ 落書きされる、物を隠される。
- ❑ 休み時間は一人ぼっちである。
- ❑ グループのなかで孤立している。

学級の友達関係のチェックポイント

(2) 子ども同士のかかわり

思いやりがあり、きまりを守り、協力して活動できる学級、自分の考えや意見をはっきり言える、友達の話や意見をしっかり聞けるようになっている学級に「崩壊」は起こりません。

① 一人一人のよい点や違いを認め合う

- ●自分のよい点に気づかせ、そのことで自信をもたせる。
- ●それぞれの違いを認め合い、自分や友達を分かり合える。
- ●集団のなかで互いのよさなどを発揮し、助け合い、高め合う学級づくりを目指す。

② いじめを許さない学級をつくる

常に「いじめは起こりうる」という危機意識をもち、「いじめはさせない」「いじめは許さない」「必ず解消させる」という自覚と責任をもって最後まで毅然とした態度で取り組むことが第一歩です。しかし、目の届かないところで陰湿ないじめがあったり、日常的にいじめが繰り返されたりしている場合もあります。早期発見と早期対応・指導が大事です。

●言葉にならない、断片的にしか話せない部分の訴えもつかむ。
●物隠し、無視、仲間はずれなど、いじめにつながる小さな差別を見逃さない。
●いじわるな行為をその場で全員で話し合わせ、解決を図り、傍観者を出さない。
●子どもの行動や友達関係に注意し、その動きや変化を捉え、問題点を把握する。
●同学年教師や専科教師、養護教諭などとの間にネットワークをつくり、絶えず情報交換をする。
●管理職への報告・相談と学校の組織的指導や、保護者・関係機関との協力により対応する。

③　教師間のかかわり

自分のメンツや指導法にこだわっていては、問題の解決を遅らせてしまいます。

●初期段階で学年会や校内の生活指導部会、教育相談部会などの組織で積極的に取り組む。
●先輩教師の指導事例から問題の把握や対応、解決の仕方などを学び取る。
●緊急を要したり、長期化しそうな問題は、管理職や同じ学年の教師に早めに連絡、相談、報告をする。

また、学習指導においても、T・Tによる指導、少人数指導、補充的な学習、習熟度別学習など「分かる」授業を取り入れ、きめ細かな指導を進めることが大切です。

いじめられている子ども

- 顔や体に擦り傷、鼻血、あざ等がある
- 持ち物が隠される、壊される
- 衣服がひどく汚れている
- 家から金銭を持ち出す
- 言葉が少なく、曖昧な返事をする
- 仲間外れにされ、一人ぼっちでいる
- 表情が暗く、沈みがち
- 人の物を持たされる
- 成績が下がる
- 「○○死ね」などの落書きをされる
- 遅刻や早退が目立ち、登校を渋る

いじめている子ども

- 特定の子をわざと避ける
- 特定の子を笑い者にする
- 特定の子を呼び出す、用事を言いつける
- 持ち物が華美になる
- 「○○菌」などの心を傷つけるようなあだ名で呼ぶ
- 学校外の言動で苦情が寄せられる
- ふざけ半分で特定の子を学級委員などに推薦する

＜参考資料＞「いじめ問題」研究報告書（東京都立教育研究所）の再構成

いじめ発見チェック

自己中心的な行動

時間に集団で遅れてくる
忘れ物、物隠しが目立つ
掲示物を破る、落書きする
掃除等をさぼる
大声で泣く、暴れる

授業を中断させる言動

トイレ等へ集団で行く
着席しない、教室の後ろで遊ぶ
手紙を回す、物を投げる
大声を出す、関係ない話をする
立ち歩く、教室を出入りする
学習以外のことをする

対教師への態度

注意に反抗する
暴言を吐く
暴力を振る

＜参考資料＞小学校における学級経営にかかる調査（東京都教育委員会）の再構成

学級の「崩壊」につながる問題行動

(3) 保護者との連携・協力

トラブルがあった時だけの連絡では、保護者からの信頼は得られません。

●学級を開き、いつでも授業参観日を設けて保護者の声を受け入れる。
●保護者会や個別面談の機会を増やし、子育てやしつけなどを話し合う。
●日々の子どもの行動や人間関係の様子について連絡帳や電話などで伝え合う。

家庭で可能なことに絞って協力を依頼することがポイントです。

2

「少ないきまり」の徹底

学級を「崩壊」させないためには、教師と子どもの人間関係が確立していることと、一定のきまりが確立していることが必要です。学級のなかに集団としてのきまりが定着していかなければ、協力し、信頼できる子どもの人間関係も育ちません。そのきまりも子ども任せでは、一部の集団のためだけのものになりがちで、活力ある活動をつくり出すものにはなりません。

そこで、教師が主導してきまりを設けるのではなく、学年段階を配慮しながら、子どもたちが主体となってきまりを設けていくように指導を積み重ねていくようにします。一人一人が、集団としてのきまりを自覚し、それを守ることで、きまりの意味や価値に気づかせる教師の指導が大事です。きまりをつくり、守ることは、基本的生活習慣や規範意識、コミュニケーション能力、社会性を身につけ、自立の基礎をつくることにつながり大切なことです。

(1) きまりの意味を理解する

きまりを設けるのは、子どもたちが基本的生活習慣を身につけ、安全で規律のある生活ができ、相互のかかわりで人間関係を広げ、様々な人から豊かな学びができる環境を整え、学習に集中できる場を保障するためです。これらのことを踏まえ、日常生活に起こるトラブルなどを解決させる体験を通して、子どもたちにきまりの意味を分からせていくことが教師の仕事といえます。

●例えば、授業の準備や片付け、授業中の私語・立ち歩きなどの場面を挙げ、なぜきまりが必要なのかを具体的に分からせる。
●具体的な体験を通して、全員がきまりを守るにはどうしたらよいかに気づかせる。
●きまりが自分を生かすもの、守るものであり、必要なものであることを分からせる。
●「少ないきまり」や「きまりのない」なかでは、どのようにしたらよいか考えさせる。

(2) 必要なきまりをつくる

生命や安全の確保、差別やいじめなど人権にかかわるきまりを確立することは、集団生活を送

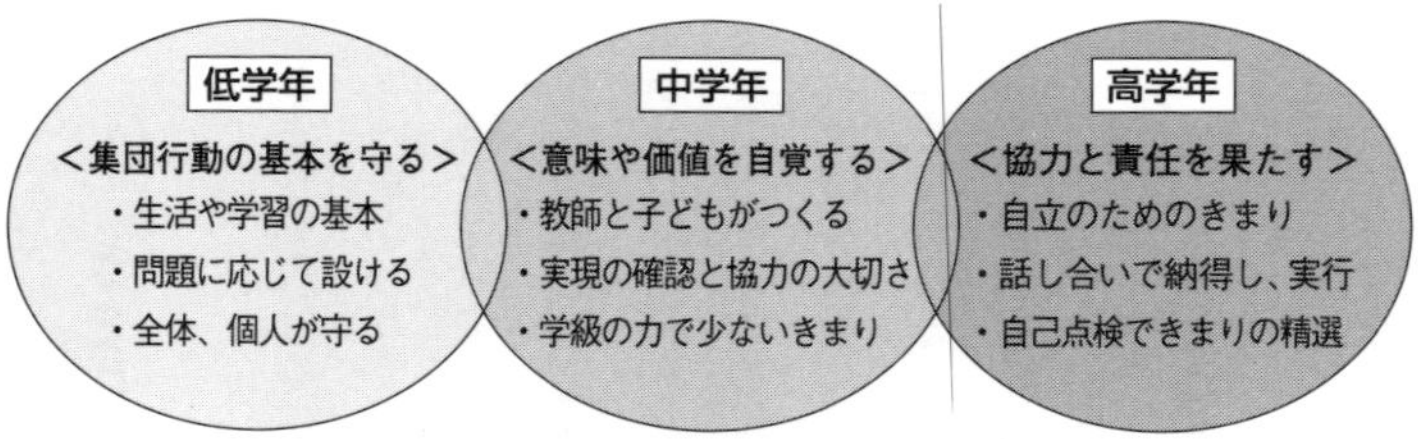
低学年
＜集団行動の基本を守る＞
・生活や学習の基本
・問題に応じて設ける
・全体、個人が守る
中学年
＜意味や価値を自覚する＞
・教師と子どもがつくる
・実現の確認と協力の大切さ
・学級の力で少ないきまり
高学年
＜協力と責任を果たす＞
・自立のためのきまり
・話し合いで納得し、実行
・自己点検できまりの精選
「きまり」をつくる

るうえで基本となります。そのうえで、きまりは、いつ、どの範囲でつくればよいかを、子どもの実態や目指す学級づくりを踏まえて取り組んでいくようにします。

① 低学年では、集団行動に必要な基本的なきまりを身につけさせる

●生活や学習指導の基本とする――例：時間を守る、物を大切にする、話をよく聞く

●トラブルなどに応じて設ける――例：人の物をとらない、腕力を振るわない

●少ないきまりをみんなが守る――例：あいさつをする、いじめない、係や当番を最後までやる

② 中学年では、自分たちで必要なきまりをつくる体験を通して、意味や価値を自覚させる

●目的や状況を捉え、教師と子どもがよりよいきまりをつくりあげる。

●常にきまりの実現状況を確かめさせ、協力の大切さに気づかせる。

●学級の力の育ちや実現状況を判断して、きまりを少なくする。

③　高学年では、話し合いを活発にし、納得したきまりをつくり、協力と責任を果たさせる

●自立させるためのきまりにも、教師の毅然とした指導と援助が必要である。
●全員で話し合い、だれもが納得し、実行できるきまりとする。
●自分たちできまりの実現状況を自己点検し、不要となるきまりを精選する。

(3)　きまりを少なくし、みんなが守る

学校生活には様々なきまりや約束があり、子どもたちは、常に「きまりを守る」という生活を求められています。集団生活をするには、きまりを守ることが、結局は楽しく過ごすことになることを分からせることが大切です。「あれをしてはいけない」「これはできない」など制約が多いと、意欲や活気を低下させ、自分たちの力で問題解決する機会を失わせることになります。そこで、「少ないきまりをみんなが守る」という規律ある学級づくりを目標に子どもたちと一緒になって考え、指導や援助をしていくことが必要です。

●学校生活で基本となるきまりは全員でしっかり守る。
●学級目標を実現するために必要なきまりをつくり、守らせる。
●定期的にきまりの実現状況を点検し、必要性を確かめさせる。

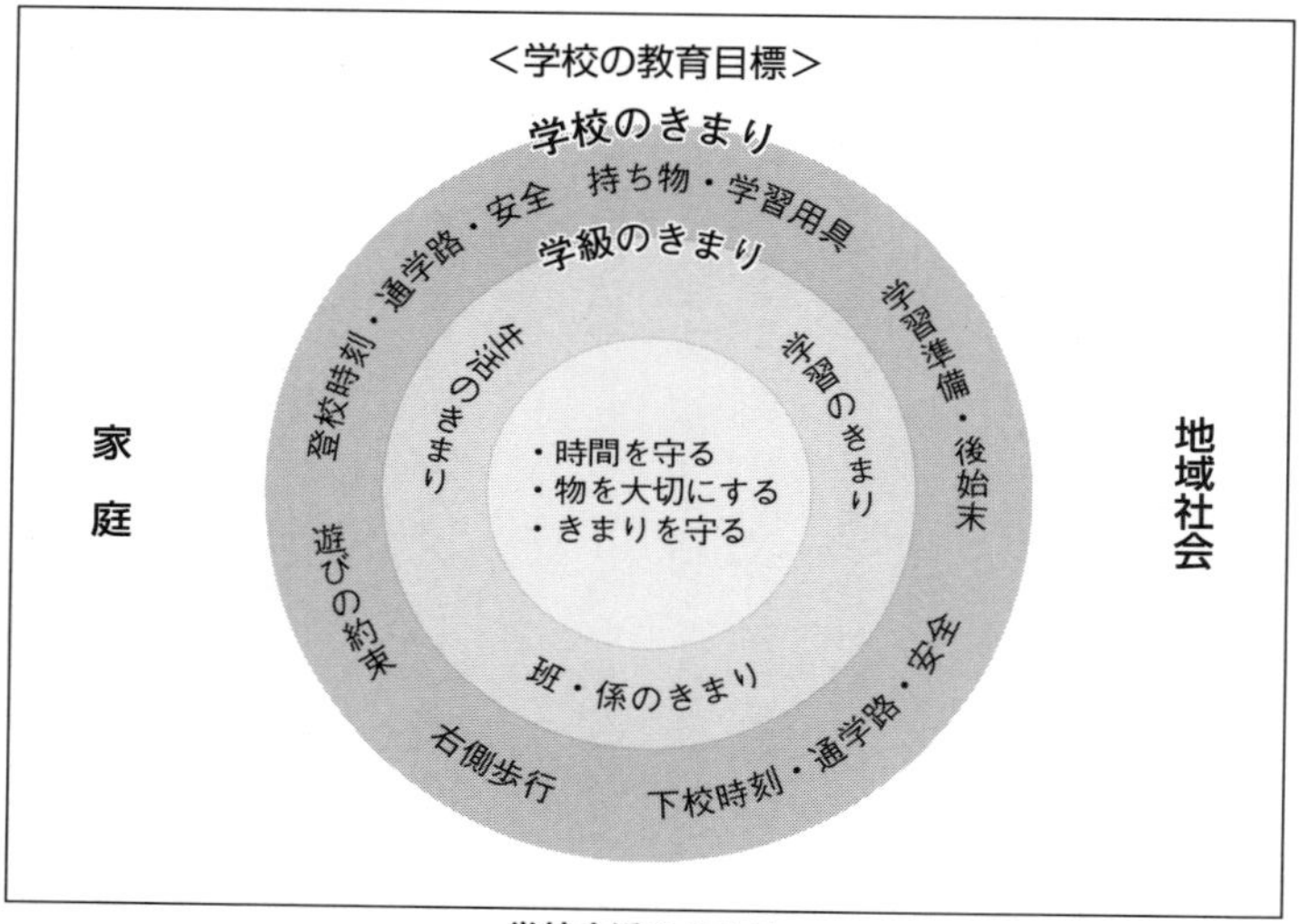
<学校の教育目標>
学校のきまり
登校時刻・通学路・安全
持ち物・学習用具
学習準備・後始末
下校時刻・通学路・安全
右側歩行
遊びの約束
学級のきまり
生活のきまり
学習のきまり
班・係のきまり
・時間を守る
・物を大切にする
・きまりを守る
家庭
地域社会

学校生活のきまり

●自分たちが努力して守り、実現できたきまりはなくしていく。

●みんなが楽しく活動できるようにするためのきまりにする。

●きまりの意味や働きを理解し、全員が話し合い、納得できるきまりにする。

●活動や生活を振り返る場面や機会を設け、きまりの意味を考えさせる。

そのためには、朝の会、帰りの会、学級日誌、個人日記などをもとに学級や個々の生活を振り返る時間を確保します。また、休み時間、給食や清掃の時間、放課後に、子どもたちとふれ合う時間を大事にするようにします。そして、節目節目の時期に、全体や一人一人が取り組んできた努力と成果を問いかける場を設けることが必要です。

3 「学習のしつけ」と授業の成立

「分かる授業」の充実が、「学級崩壊」をさせないための基本です。その授業を成立させる基盤は「学習のしつけ」にあります。「学級崩壊」の例としては、授業がはじまっても着席しない、授業中に私語をやめない、大声を出す、立ち歩く、教師の指示に反発するなど、学習ルールの欠如によって授業が困難な状態になる場合があります。また、「授業が分からない」「授業がつまらない」など、学習の内容が理解できない、学習への意欲が見られないなど教師の指導に関する不満に原因のある場合もあります。これらの問題を解消し、授業を成立させるためには、校内研究などで研修を重ね、自らの指導力を向上させることが必要です。

(1)「学習のしつけ」を点検する

「学習のしつけ」をすることは、学習への意欲を高め、基礎的な学力を定着させるための教師

- ❑ 教科書やノートなど学習の準備をしてある。
- ❑ チャイムなど合図で着席している。
- ❑ 大声を出す、勝手なおしゃべりをする。
- ❑ よそ見をする、ざわざわしている。
- ❑ 消しゴムや紙切れなど物を投げる、落とすなどする。
- ❑ 席を離れ、立ち歩いている。
- ❑ 答えたり、質問したりする子を冷やかす。
- ❑ 指示を待たずに作業をする、学習外のことをする。
- ❑ 先生の話や友達の発言を黙って聞いていられない。

「学習のしつけ」の点検

の大事な仕事です。学級全員に共に学び合うための基礎となる「学習のしつけ」を徹底させるには、次の項目をチェックするとよいでしょう。

- ●教科書やノートなど学習の準備をしているか。(学習の準備)
- ●チャイムなどの合図で着席しているか。(時間)
- ●大声を出したり、勝手なおしゃべりをしたりしていないか。(学習態度)
- ●集中力に欠け、ざわざわしていないか。(集中度)
- ●消しゴムや紙切れなど物を投げたり、落としたりしていないか。(集中度)
- ●席を離れ、立ち歩いてはいないか。(着席状態)
- ●答えたり、質問したりする子を冷やかしていないか。(集中、理解)
- ●先生の指示を待たずに作業をしたり、学習外のことをやったりしていないか。(教師の指示)
- ●先生の話や友達の発言を黙って聞いているか。(聞く態度)

(2)「学習のしつけ」を徹底する

- 話の聞き方、正しい姿勢
- けじめをつける
- ノートのとり方、使い方
- 手の挙げ方、発言や発表の仕方
- 後片付けをする
- 提出物の徹底や学習用具等の用意
- 学習係の仕事

- 授業の進め方
- 子どもの発言の取り上げ方
- 子どものほめ方、注意の仕方
- あたたかい公平な言葉づかい
- 教材・教具の工夫
- 個別指導、T･T指導の工夫
- 学習環境、情報活用の工夫

「学習のしつけ」の徹底と授業の工夫

①　繰り返しの指導で定着させる

「学習のしつけ」は、自分の学級だけでなく、学年、学校全体で共通理解を図り、共通指導で徹底させることが大事です。教師個人の考えに固執したり子どもの要求に迎合したりしていては、「学習のしつけ」は身につきません。どの授業、どの教師も共通した指導で定着させることが大事で、教師によって指導が異なると、子どもが戸惑い、徹底することができにくくなります。

●発言や発表の仕方（聞く態度や姿勢）
●けじめをつける（時間の区切り　遊びと学習の区別）
●ノートのとり方、使い方（正確な文字　まとめ方）
●手の挙げ方（積極的な参加　自分の考えや表現）
●後片付けをする（整理整頓　次時の準備　学習環境）

●提出物の徹底や学習用具などの持参（忘れ物　家庭学習）
●学習係の仕事（事前準備や連絡　学習用具、教具の準備）

② **保護者と協力する**

「学習のしつけ」は学校で徹底することが原則ですが、保護者に説明し、家庭でも協力してもらうようにすることで、より効果があがります。そのためには、学習計画や内容だけでなく、「学習のしつけ」についても保護者会、学級通信などで保護者に十分伝えることが必要です。

(3) 教師の授業力の向上を図る

授業では、子ども一人一人の考えや思い、判断、表現を生かすことが大切であり、教師の都合で切り捨てることがあってはなりません。そのためには、画一的な授業や教え込むだけの授業にならぬよう、いつでも積極的に授業を公開し、保護者が参観できるようにするとともに、先輩教師などに学び、自分の授業力を高めることが大切です。また、子どもから直接、授業に対する感想や意見を聞くことも欠かせません。

次の観点からの授業評価をし、工夫・改善に努めるとよいでしょう。

●授業の進め方（「進め方が早い」「詳しく教えてくれない」などの声は出ていないか）

●子どもの発言の取り上げ方、質問の取り上げ方（公平に、ていねいに対応しているか）
●子どものほめ方・注意の仕方（その場でほめ、励ましているか。見て見ぬふりをしていないか）
●子どもに対する言葉（「言葉がきつい」「いやみを言う」「欠点ばかり言う」との不満が聞かれないか）
●教材・教具の工夫（作業活動や体験学習を取り入れているか。「いつもプリントだけ」の声はないか）
●個別指導の工夫（遅れがちな子への指導ができているか。「分かるように教えてほしい」という声はないか）
●T・Tなどによる指導の工夫（教師間によるきめ細かな指導、少人数や習熟度による指導、外部指導者との協力指導を工夫しているか。「いろいろな先生から学びたい」との子どもの願いに応えているか）
●学習環境、情報活用の工夫（授業に合った学習環境になっているか、必要な情報が提示されているか）

教師の子どもに対する話し方、聞き取り方、引き出し方、ほめ方、叱り方など授業中の姿勢や態度が子どもの「学習のしつけ」のモデルになっています。そして、「学級の崩壊」を未然に防ぎ、また回復させる最善の策は、「よい授業」「分かる授業」をすることです。

4 具体的にほめ、上手に叱る

子どもを叱ることができない教師が増えています。指導が必要な場面でも、子どもに嫌われることが怖くて叱れないのです。また、「子どもの自主性を尊重する」ということを子どもの要求に迎合することと取り違えると、毅然として叱る機会を放棄することになります。教師がほめても子どもが率直に喜びを表さなかったり、叱っても無視されたりした体験をもつ教師は少なくありませんが、こうした状況を放置すると、学級集団としての統制を失い、「学級崩壊」の要因となります。教師のほめ方・叱り方の技術は、日々の生活指導や学習指導の上できわめて重要です。

(1) 具体的にほめる

① 「ほめる」ことの意味

「ほめられる」ことは、自分の存在が認められたことであり、大きな自信につながります。こ

●○● 具体的にほめるポイント ●○●

- 努力や達成状況をとらえ、やる気を引き出す。
- 子どものうれしさがふくらむ言葉かけをする。
- 公正、公平に接し、ひいきをしない。
- よい点のメッセージを多く、発信する。

の体験が多ければ、子どもは自己肯定感を強くし、自分のやる気や能力を伸ばすとともに、他者をほめたり、認めたりすることができるようになります。

② 具体的にほめるポイント

どの子も自分が認められ、ほめられたいと思っています。ちょっとした行動や気持ちの変化を見逃さず、率直に「ほめる」ことで子どもの喜びを分かち合うようにすることが大切です。そのためには、一人一人への関心をもち、ほめる場面を捉え、その内容、伝え方を工夫します。

●その子なりに努力して達成できるよう、やる気を引き出すほめ方をする。
●教師の思いも率直に表すなどして、子どものうれしさがふくらむ言葉かけをする。
●日々、どの子にも公正・公平に接し、ひいきをしない。
●目立たない子、気になる子などへは、よい点のメッセージを多く発信する。

③　場面に応じたほめ方を工夫する

子どもが活躍している場面や機会を見逃さないようにします。日常生活で起こる様々なトラブルや問題を解決する過程で子どもたちの意思や行動を捉え、ほめることもできます。その場面や状況に合った心に響くほめ方を工夫することが大切です。

○朝の会、帰りの会、学級活動などの時間を活用してほめる

みんなが協力し、楽しく活動できる学級づくりと、子どもの人間関係や社会性を育てるために、個人や全体をほめるようにします。

○電話、連絡帳、学級通信、保護者会などを活用してほめる

教師や友達からほめられたことを家庭に知らせることで、いっそう自信をもたせることができます。そのためには、家庭や地域などからも情報をもらい、ほめる材料を収集するとよいでしょう。

○学年会などで他教師から情報を得て、ほめ方を学ぶ

他の教師や養護教諭、専科教師、事務職員などから子どもについての情報をもらったり、子どもの発達や気持ちなどに合ったほめ方を他教師の実践から学ぶようにします。

(2)　上手に叱る

①　「叱る」ことの意味

「叱る」ことは、子どもと教師に不快感情が後まで残りがちなので、「ほめる」ことより難しいものです。教師が「叱る」のは、子どもが危険なことをしたり、望ましくない言動をしたりした時、再び繰り返さないようにさせるためです。特に、生命の危機、人権の尊重、善悪の判断、規範意識を損なう行動には、毅然とした態度で叱ることが大事です。教師が上手に叱ることができないと、子どもや学級全体にストレスがたまり、反発を招くなど、教師と子どもの人間関係に深刻な影響を及ぼし、「学級崩壊」につながります。

②　上手に叱るポイント

叱る時は、威圧的、感情的、否定的にならないよう心の余裕をもち、叱られる子どもの心情や反応に配慮します。いつも怒ってばかりいると、子どもに苛立ちやストレスがつのり、そのことで逆に行動がエスカレートしたり、無気力感に陥り行動が萎縮して人間関係を歪めたりします。そこで、子どもが自分の行動を振り返り、反省できるよう、言い方を変え、言葉の内容を工夫するようにします。そして、状況に応じて全体に叱るか、個人を叱るかの判断や、公平・公正な叱

●○● 上手に叱るポイント ●○●

- 事実を分からせ、反省の機会をつくる。
- 間違った行動に気づかせる。
- 重大な問題を招くことを分からせる。
- 場に合った行動かを考えさせる。
- 他の子どものよい行動に学ばせる。

り方の配慮が大切です。

●叱られるような行動をした事実を子どもにしっかりと分からせ、反省の機会をつくる。

●その時の状況から、「危険である」「約束を守っていない」「正しい行為ではない」ことなどに気づかせる。

●叱られるような行動の結果が、周囲に重大な問題を招くことをしっかり分からせる。

●その場では、もっとふさわしい行動があることを子ども自身に考えさせる。

●他の子どもがとったよい行動に学ばせる。

③　場面に応じた叱り方を工夫する

○清掃をさぼる

掃除の乱れは、集団のまとまりや規律を逸した状況をつくり、「学級崩壊」の引き金となることがあります。

●教師が率先垂範し、「嫌なことだからこそ、みんなと一緒にやる」と、明るくさっぱりと叱る。

●清掃日誌や振り返りカードに必ず目を通し、終わりの会や学級活動、道徳の時間などの内容として扱う。場合によって、全体に叱る、個別に叱るなど、教育的な効果を考え、判断をする。

○身のまわりにある物を壊す

物や命、人権を軽んじる行為は、無秩序な状況をつくり、トラブルの要因となります。破壊的な行為には、厳しい態度で対処することが大切です。

●行為の結果だけではなく、トラブルとなる原因に目を向けさせた叱り方をする。

●やってはいけない行為として、はっきりと否定する厳しい態度で叱る。

●自分を振り返らせ、今後の対処の仕方を考えさせる。

3章

学級が「荒れない」ために

〈生活指導〉の進め方

1 基本的なことの繰り返し指導

(1) 教師と子どもの「意識のズレ」を見逃さない

「学級の荒れ」は、偶然起きるわけではありません。何らかの要因、例えば教師サイドからいえば「問題をもつ子どもの指導がうまくいかない」とかいわゆる「指導力不足」、また子どもにとっては「成長過程で我慢する心が育っていない」ことや「きまりを守ろうとする意識に欠ける」ことなどが背景にあり、ある出来事がきっかけとなって学級の荒れが起こります。

しかし、いわゆる「学級崩壊」状況に陥った学級の子どもの実態をよく見ると、そこには「担任と子どもとの意識や感情のズレ」（児童理解の不十分さ）の段階があり、続いて「生活の乱れ」となり、それがさらに進んで「学級の荒れ（学級崩壊）」に至ることが分かります。学校生活での教師と子どもの「意識のズレ」をそのままにしておくと、後で大きく影響することになります。

【１】集団形成に必要なきまり
（集団形成機能）
学校のはじまり時刻、時間割編成など
※学校としての基本的な考え方

【２】集団維持に大切なきまり
（集団維持機能）
チャイム着席、学習上の約束、その他
※成員の合意で決定、努力目標

【３】集団向上に不可欠なマナー
「楽しい給食」、あいさつの励行、その他
※「快適な生活」マナー、エチケット

(2)「きまり」の意味について具体的に考える

学校は、学ぶところであり、また集団生活をする場でもあります。そこでは、一人一人異なる子どもが集まっていますが、互いに円滑な生活ができるように一定のきまりをつくって生活しています。

学校生活に関するきまりには、次のような働きがあります。

●学校のはじまる時刻など、集団を形成するうえで欠かせないもの

●チャイムが鳴ったら着席することなど、集団を維持するための機能

●互いに気持ちよい生活を送るための働き

これらについて、確実にしつけておくことが大切です。

(3) 「あいさつ」や言葉づかいには意図的な指導と継続的な取り組みを

子どもにとっての学校生活は、朝のあいさつにはじまり、下校時の別れのあいさつで一日が終わります。その間、学習活動にかかわる会話（言葉）とともに日常的な話が子どもと教師、子ども同士で行われます。さりげない言葉でひどく心が傷つけられることもあれば、友達の一言に勇気づけられることも少なくありません。

「言葉づかい、特にあいさつは人間関係の基本である」とよく言われますが、日常生活を円滑に進めるためにも、望ましいあいさつ・言葉づかいは欠かせません。そこで、上記のような取り組みを行うとともに保護者にも周知することが大切であり、日常化・態度化するようにしたいものです。

「あいうえお」あいさつ運動

○○小学校　児童会

（代表委員会の年間の取り組み）

あ…あかるいあいさつ　うれしいな
い…いろんなともだち　心強い
う…うきうき遊び場　楽しいな
え…笑顔がいっぱい　まぶしいな
お…おおきな夢　○○小

先生も、お父さん、お母さんも協力してください。

<言われて「うれしい言葉」ベスト3>

①ありがとう（サンキュー）　②ごめんね　③いいよ（ドンマイ）

<言われて「いやな言葉」ワースト3>

①バカ（アホ）　②死ね　③消えろ

○言葉づかいをよくする取り組み――「いやな言葉、うれしい言葉」

ある小学校では、代表委員会の呼びかけで「言われていやな言葉、うれしい言葉」について一年生から六年生までの各学級で話し合いました。

それぞれのクラスから出された「言われていやな言葉、うれしい言葉」を代表委員会で集計し、全校児童集会で発表することになりました。

結果は、上の表に示したとおりです。また、各学級での道徳の授業などでも『心のノート』の活用とともにこの集計結果を使って授業を展開することにしました。そのことによって、「自己の行動・言葉づかい」を見なおすことができるようになることが期待されます。このように「あいさつ・言葉づかい」については、意図的に指導することが大切です。人間関係をより円滑にするうえで、あいさつや言葉づかいの重要性を自分自身で理解することができるからです。なお、言葉づかいやあいさつについては、「一度指導したからそれでよい」ということはなく、繰り返し指導が欠かせません。日常化・態度化してはじめて意味あるものになります。そのため、例えば終わりの会などを使って「うれしかったこと」を発表させるとか、「うれしかったカード」に記入させて本人に渡すことなども有効です。

(4) 学習の構えを具体的に示し、定着を図る

「学級の荒れ」は、授業場面（「授業崩壊」）に出てきます。座って作業をしたり人の話を聞く態勢に子どもがなっていないのです。学校は学習する場であり、最低限必要な事柄については、小学校低学年から確実に定着させる指導が必要です。例えば、次のようなことは、繰り返し指導を行い、定着させることが強く求められています。

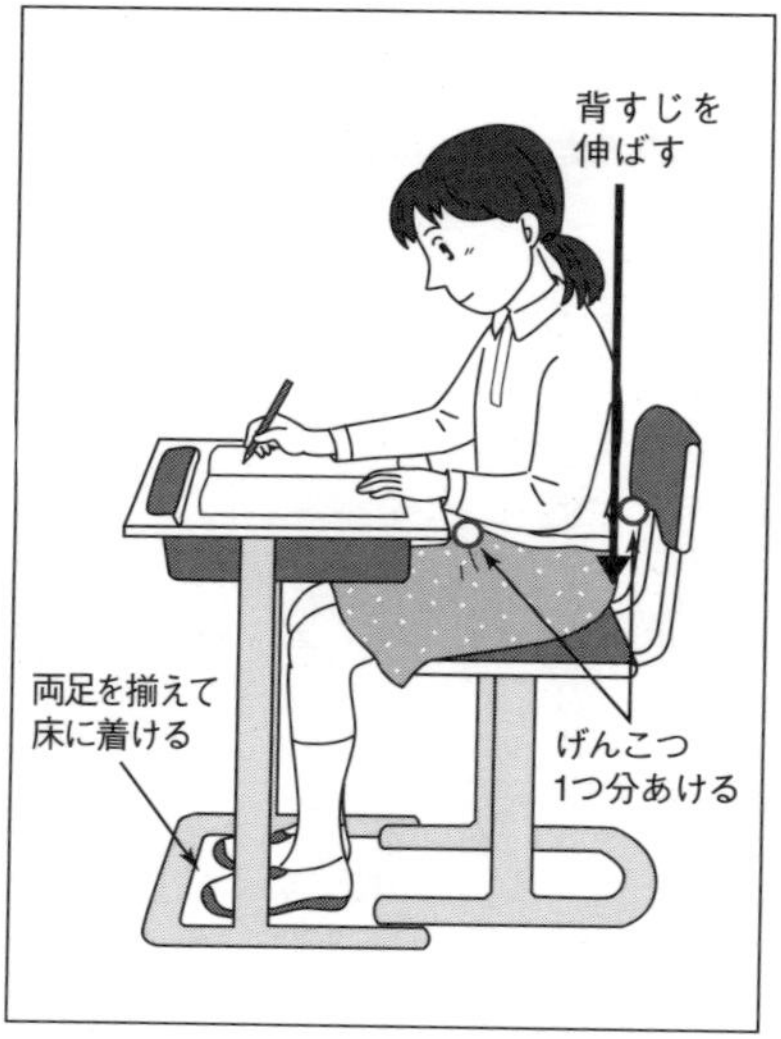
背すじを
伸ばす
両足を揃えて
床に着ける
げんこつ
1つ分あける

よい姿勢

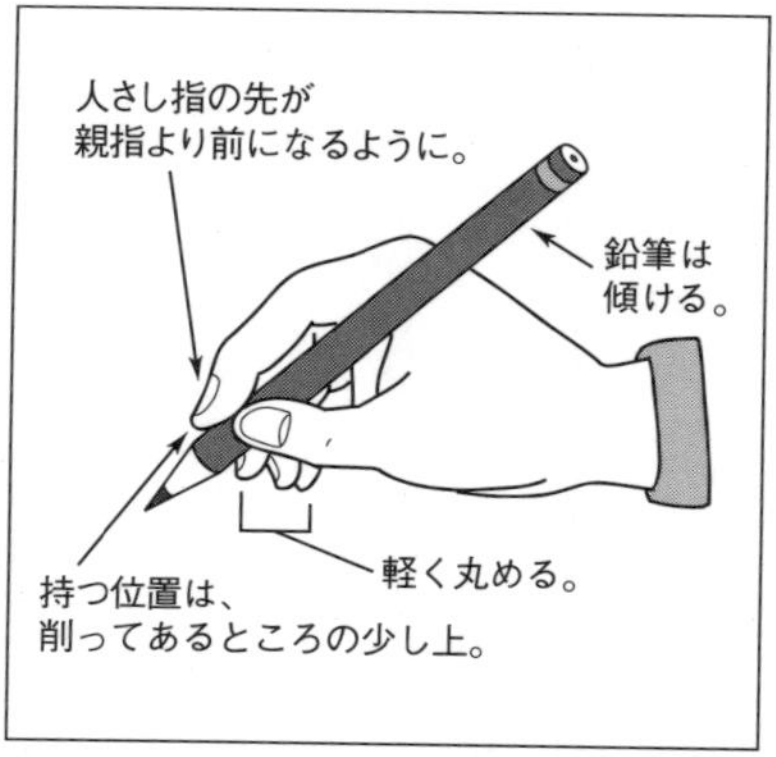
人さし指の先が
親指より前になるように。
鉛筆は
傾ける。
軽く丸める。
持つ位置は、
削ってあるところの少し上。

鉛筆の持ち方

2

豊かな人間関係のつくり方

(1) 具体的な姿で「望ましい、豊かな人間関係」を捉える

……小学校五、六年生の時のことが今でも忘れられません。仲間はずれにされていたのです。男の子から「バカ」と言われ、自分の気にしていることも平気で言うのです。女の子は、いつも決まったグループがあって、なかなか入れません。入ろうとすると「よけいなのが来た」と言われ、仲間には入れてくれません。「でしゃばり。どこかへ行け」と言われると、ほんとうにつらい気持ちになります。私がいじめられているのに、味方がいないのも情けなくなります。……

これは、ある大学生が自分の小学校時代のことを語ったものですが、いわゆる「望ましい、豊かな人間関係」からは、ほど遠い状況といえるのではないでしょうか。

そこで教師としては、「望ましい、豊かな人間関係」について、例えば次のように子どもの姿で具体的に示し、個人として、また学級集団として意図的・計画的に取り組むことが重要になります。

①私は、自分がもっている力を最大限出しきろうとしている	(目標達成)
②困っていると、だれかが手を貸してくれる	(相互扶助)
③答えをまちがえても、バカにしたりひやかしたりしない	(相互理解)
④だれとでも気軽に話すことができるし、グループになれる	(親 和 感)
⑤仕事を怠けたりズルをしたりすると、互いに注意し合う	(規範意識)
⑥きまりをわすれたりすると、気づいた人が注意してくれる	(規範意識)
⑦私がいないと、組の人が困ることがある	(役割意識)
⑧難しい問題については、みんなで考え合う	(相互啓発)
⑨人をバカにしたり差別したりする人はいない	(相互尊重)
⑩自分のことだけでなく、友達のことを考えて生活できる	(相互理解)

ある学校では上記のように一〇項目を設定し、各項目別に具体的な内容を明らかにしています。そして、それについて個人およびクラスとしてどこまで達成できたか、問題点は何かなどを振り返ることにしています。

五年生のある学級では、「今、このクラスはどこまで進んだか」を月別に調査し、それをグラフにあらわすようにしているとのことです。そのことによって自分のクラスの状況が明らかになり、個人としても見なおすことができ、より確かな人間関係の形成につながります。つまり、「豊かな人間関係」づくりのイメージを一人一人の子どもがもつことによって、子ども同士の望ましい人間関係をつくることができるのです。

(2)「グループ編成」にあたって配慮すること

子どもの発達段階や個人差に応じて人間関係を望ましい方向にするように、担任としては十分配慮しているつもりでも、集団から孤立する子がいたり、友達関係がうまくいかなかったりすることが起こります。例えば、移動教室での班づくり（グループ編成）の際に、子どもに任せきりにしておくと、仲間はずれになっていやな思いをする子どもが出てくることがあります。実際、移動教室ではどうにか生活ができ、人間関係も保てたように見えても、本人としては無理をしたり緊張の連続だったりする場合もあり、その後不登校になった事例もあります。そこで、グループ編成にあたっては、次の諸点に留意することが大切です。

●発達段階をふまえ、個々の子どもへの援助とともに集団そのものを成長させる。
●孤立しがちな子どもに対しては、まず教師との関係（信頼関係）の深まりに配慮しながら、徐々に友達の心情に関心をもたせるようにする。
●学級での話し合いや集団活動を充実させ、互いが成長していることを実感させる。
●学級だけでなく学校生活の様々な場面から一人一人の子どもの人間関係を把握するため、多くの目で子どもを見るとともに、情報交換の場を意図的に設定する。

(3) 女の子の「グループ」への具体的対応のポイント――

小学校高学年は「思春期入口」といわれますが、その時期になると仲間（友達）づくり・関係づくりで悩むことが出てきます。特に女子の場合には、一見強い絆で結ばれているようでも、あることを契機にしてグループが分かれたり、「仲間はずし」に陥ったりすることがあります。

例えば、自分の本当の気持ちを交換日記に書いたことや単なるうわさ話に応えたことがきっかけで、仲よしグループが割れてしまうことなどがあります。子どもたちは、それらのことを恐れて仲間（グループ）に極端なほど気をつかい、表面的なつながりを求めて始終メールや携帯電話のやりとりをしては「自分と相手の関係」を確認し合うようなことも、最近ではよく見られます。

●いわゆる「仲よしグループ」の存在そのものをまず、認めるようにする。否定的な見方で対応することは禁物である。反発心をあおる結果になることが多い。

●「友達との関係のもち方」については、子どもたちが自立・成長過程にあることをふまえ、視野を広げていけるよう、多様な人々の存在（価値観など）に気づかせるようにする。

●身近な人の話を直接聞く機会をもつことのみならず、例えばどんな人にも等しく愛を注いだ「マザーテレサ」などの伝記にふれるようにすることも、視野を広げる一つの方法である。

3

「仲直りのできる子ども」を育てる

(1) 意見の違いを「感情の対立・ミゾ」にしない

学校は、多様な子どもたちの集まりで成り立っていますので、当然考え方や意見の違いが出てきます。それは、授業中だけでなく生活や遊びの場面などでもよくあらわれます。時には感情的になることもあります。例えば「話し合い活動」などでは、意見が違って言い争いになり、結果的に意見が深まらないようなことも起こり得ます。しかし、意見が違ってこそ話し合いが深まり、価値ある内容になるのではないでしょうか。「意見の違い」から感情の対立となり、深いミゾをつくってしまうことは、大人社会にもあることです。「みんなちがって　みんないい」とは、詩人金子みすゞの言葉ですが、このことについては、あらゆる場で具体的に指導したいものです。

(2) 学級内の諸問題についてクラス全体で考え、解決していく ――

学級のなかでは日々、様々な出来事が発生します。子どもにとって楽しいこともありますが、「いやがらせ」「いじわる」「仲間はずれ」といった、いやなこともあります。また、日ごろのストレスや苛立ちから衝動的に問題行動を起こすこともあるでしょう。「一過性のけんか」と「いじめ・いじめられ」行為を見誤ると、大変なことになります。日ごろ学級で起こる出来事の大半は、子どもたちの人間関係にまつわることです。例えば、「○○君は、掃除をさぼる」とか「みんなで決めたきまりを平気で破る」「いつも人をバカにする」といったことなどです。

そこで教師としては、次の点に留意して取り組んでいくことが大切になります。

●個々の問題であってもクラス全体の課題として受け止め、集団として考えるようにする。傍観者的な態度からは真の具体的な解決法は生まれてこないからである。

●学級活動や道徳の時間などで「他を思いやる気持ち」や「相手を認めること」「自分の気持ちを伝えること」の大切さを、繰り返し具体的に指導する。

●平素から子ども一人一人のよさや可能性に着目して「よさの発見」に努めるとともに、個々のトラブルについては、話し合って解決することの大切さを分からせる。

＜A君が「B君にぶたれた」との訴え＞

① B君は事実を認める…………（確認）
② B君にその理由を聞く
（ぼくのことを「バカ、バカ」と言う）
③ A君にそのことを伝える……（確認）
④「A君は、どうしてバカと言ったのか」
⑤「以前、B君がバカと言ったから」

＜「どうしたらよいか」共に考える＞

① 「謝る」「ごめんと言う」
② 「バカと言わない」
③ 「仲直りをしよう」

(3) 自分の気持ちを伝える……言いたいことを相手に伝える力

「何もしていないのに、○○君がぼくのことをぶった」とか、「勝手に私の筆箱から□□君が鉛筆をとった」などといったことで、けんかになることがあります。

また、ほんのささいなことから言い争いになることも、時にはあるでしょう。このような時には、教師は、まず互いの言い分・意見をていねいに聞くことが大切です。

特に、低学年の子どもの場合などでは自分の気持ちがうまく表現できず、問題の解消に戸惑うことがあります。そこで、例えば、上に示したトラブルの場合、①B君のやったことについて本人が認める、②そのことをA君

<自分の気持ちを伝える―さわやかメッセージ―>

（「遊ぶ約束」を破ったC君と相手方（D君）の次の日の会話）

C君…「おーい」
D君…（さわやか）…「なあに？」
C君…「今日、学校から帰ったら、君の家で遊べる」
D君…「それよりさ、昨日はどうしたの？　ぼく、ずーと待っていたんだよ。何か用事でも入ったの？」
C君…「ああ、ごめんごめん。昨日家に帰ったらお客さんが来ていてさ、買い物をたのまれちゃって、気がついたら約束の時間に間に合わなかったんだ」
D君…「ふーんそうだったのか。電話で言ってくれればよかったのに。今日は外で遊ぼうよ」

に伝える（確認する）、③B君に理由を聞く、④A君に伝える（確認する）、といったていねいな対応が求められます。

「謝る」とは、自分の悪い点をわびるということです。「自分の気持ちをはっきりと相手に言うということは、人間関係改善の基本です。なお、相手に対する伝え方にも十分留意したいものです。言い方が悪い（自分の気持ちがうまく言えない）ために、かえって問題をこじらせるもとになる場合もあるからです。また、近年、子ども同士のけんかやトラブルに保護者が出てくることがありますが、問題の解決にはいかがなものでしょうか。「仲直りできる子ども」とは、「自らトラブルを乗り越える力」「人間関係修復力」を身につけた子どものことをいうのです。

4 子どもの誤解と反発の解き方

(1) 自分流の聞き取りを見なおす……「伝言ゲーム」の精神を知る

友達の話に対して、聞き流したり意味を取り違えたりする子どもがいます。そのことがきっかけで互いに言い争ったり、時には反発し合ったりすることもあります。そのような子どもに共通していることとして、「相手の話を最後まで聞かない」ことや「自分流の考え（都合のよい解釈）で誤って捉える」ことが挙げられます。ところで、子どもたちの遊びに「伝言ゲーム」（はじめの人の言ったことを次々に相手に伝えていき、最初の人と最後の人の内容の食い違いを楽しむ）というのがあります。「人の話を聞き、内容を正確に相手に伝える」ことの難しさをゲーム化したもので、子どもに人気があります。教師は、このようなゲームも参考に「相手の話を最後まで聞き、勝手な解釈はしないこと」の大切さについて、具体的に指導することが大事です。

(2) 教師自身が自己の「思いこみ・決めつけ」を振り返る ――

＜帰りの会＞

小学校4年生のあるクラス。

帰りの会で先生は「明日国語のテストがあります。ちゃんと勉強していらっしゃい」と言いました。ふみお君は、会が終わってすぐに「先生、明日テストがありますか」と聞きにきました。

そんな時、あなたはどうしますか。


A教師…「いつもふみお君は、人の話を聞いていない。今日も同じだな。よく話を聞きなさい」

B教師…「さっき言いました。先生は何と言っていたかな。何をしていたの」

（口調は優しいが、顔は厳しい）

C教師…「そうですよ。テストがあることをよく聞いていましたね。何のテストか友達に聞いてみて」

私たち教師は、日常的に子どもと接していますから、平素の様子から判断してつい決めつけるようなことになりがちです。

あなたは、そんなことはありませんか。

(3) 先生の一言「ごめん」が子どもの心を開く……誤解の解消――

六年生のあるクラスは、若手の男性担任教師のもと、学級がまとまって明るく活発に活動していました。ある日の体育の時間です。サッカーの「ヘディング」の練習をしていました。教師が自ら模範を見せて、一人一人の子どもに指導しながら適切に言葉をかけていました。ある子どもには「腕の振りと頭の角度」、またある子どもには「ボールと頭の位置」などです。一人一人にとってよかれと思って言葉かけをしていましたが、教師の一言をめぐってA子が「不登校」になってしまったのです。「おまえは変な顔だ」と教師が本人に言ったということからの登校しぶりでした。

A子は、日ごろから自分の顔つきを気にすることがありましたが、いつも元気に登校していました。信頼する教師から自分の気にしていることをストレートに言われれば、ショックを受けるのは当然のことです。その教師にはまったく覚えがありません。早速家庭訪問をしましたが、「会いたくない」ということで、しかたなく学校へ引き返しました。

後で分かったことですが、その教師は「ヘディングは、顔じゃない。頭だ」と言ったのですが、言葉足らずと早口のために、A子には「変な顔」と聞こえてしまったのです。そのことについて率直に教師がわびることによって、A子も元気をとりもどすことができました。

(4) 子ども同士の誤解と反発を解消するポイント

国語辞典には「誤解（する）」ということについて、次のように記されています。「事実と異なる認識をもったり物事を本来の意味とは違って理解したり、その人の真意を相反する方向に判断したりすること」です。例えば、「人の善意を誤解する」などというように使います。

子どもの場合には、多く「人のうわさ」とか先入観からの決めつけ（誤解）などがきっかけで、グループ同士が言い争ったり相互に反発し合ったり、時には激しくののしり合ったりすることが起こります。そこで教師は、次の点に特に留意して取り組むことが大切です。

●「思いこみ」「決めつけ」「勘違い」といったことが学級・学年内の人間関係を難しくするもとになることを、教師の体験なども交えて具体的に説明し、全体で話し合うようにする。

●たとえ正しい内容のことを言っても相手が納得しないこともあることをふまえ、自分の気持ちを素直に伝えるように「さわやかな言い方」を心がけるように指導する。

●実際に子ども同士のトラブルが発生した場合には、双方の言い分に耳を傾けるとともに、互いが納得できるよう一つ一つていねいに話を聞き、相互に確認を取るようにする。

●子ども同士のトラブルは子ども同士で解決できるよう、教師は見守る。

4章

保護者と「信頼関係」をつくる

〈家庭との連携〉をどう図るか

1 読んでもらえる「学級だより」をつくる

(1) 学級だよりは学級と家庭のかけ橋

学級だよりは、担任と保護者を結ぶ大切なかけ橋です。担任は学級だよりで教育方針を伝えることができるし、保護者は子どもの学校の様子を知ることができます。我が子を学校に預ける保護者の信託に応える大きな機能をはたしているものといえます。

担任は保護者の心に響くように誠実に情報を伝え、保護者は担任の誠意や情熱を感じ取ります。そのことで、相互の信頼関係を深めることができます。しかし、内容によっては不信感にもつながりますので、十分な配慮が大切です。よい内容ならば、保護者はそこからの情報で多くを学び、安心感を得ることができ、協力的になってくれます。また担任にとっては学級だよりをまとめることが、自分自身の指導と子どもの生活・学習の見なおしになります。

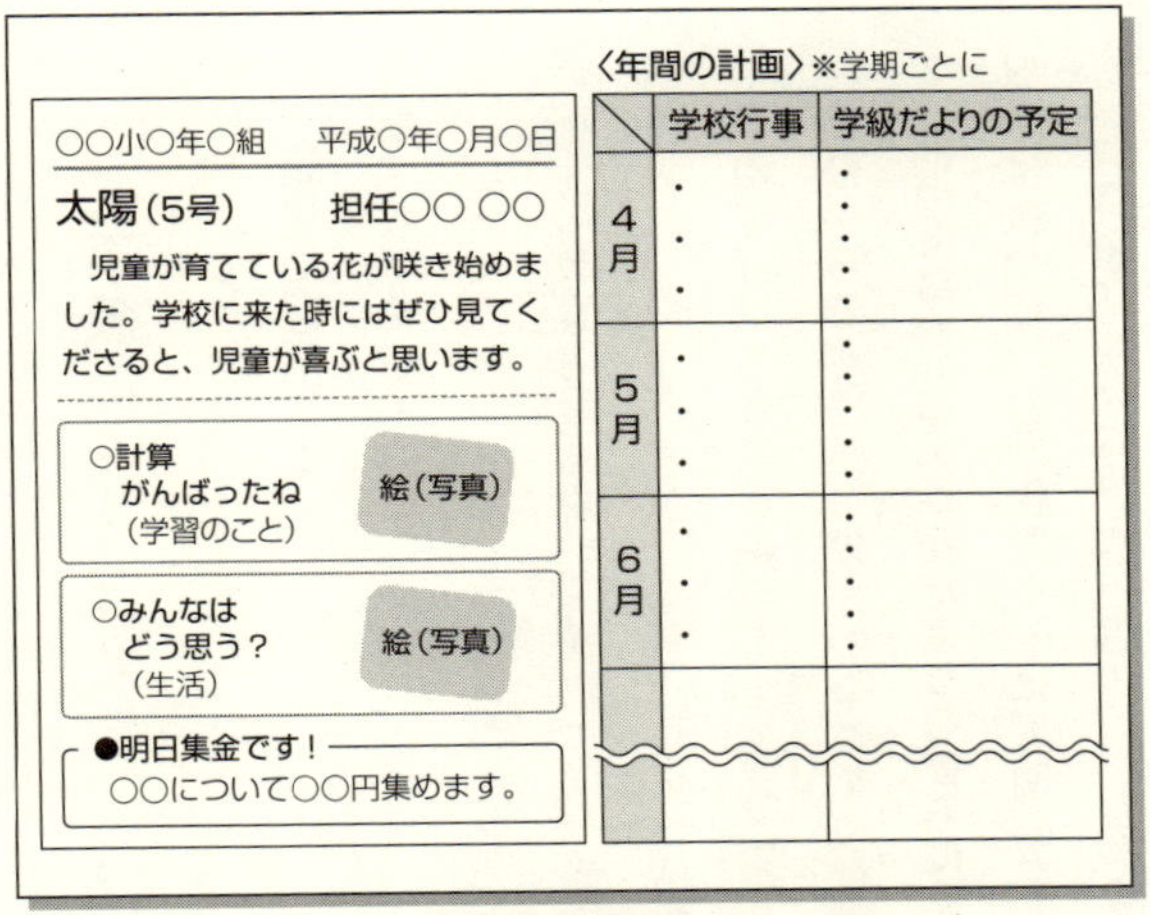
〈年間の計画〉※学期ごとに
学校行事
学級だよりの予定
4月
5月
6月
○○小○年○組　平成○年○月○日
太陽（5号）　担任○○ ○○
児童が育てている花が咲き始めました。学校に来た時にはぜひ見てくださると、児童が喜ぶと思います。
○計算
がんばったね
（学習のこと）
絵（写真）
○みんなは
どう思う？
（生活）
絵（写真）
●明日集金です！
○○について○○円集めます。
B5判の学級だより

(2) 魅力ある学級だより

学級だよりは、保護者が楽しみに読んでもらえるものにしたいものです。そのために、例えば、次のようなことを考えます。

●タイトルを工夫する。
●年間の発行の見通し（計画・予定）を立てておく。
○学校行事との関連　○学習の予定　○ミニ情報　○学期や季節の特色　○体験活動の特色　○子どもの成長過程　など
●レイアウトや見出しを工夫する。
○紙面の大きさに応じて内容を考える
○文字だけでなく、図や絵やカットを入れる
●読みやすい文章、読みやすい文字を心がける。

(3) 学級だよりで何を、いつ、どのように伝えるか

① 豊かな内容の工夫

保護者に読んでもらえるかどうかには、内容が大きく影響します。例えば以下のような内容を、必要に応じてバランスよく盛り込むことが考えられます。

○担任の教育方針（思い・願い） ○学習予定 ○生活予定、目標・課題 ○学習体験 ○生活体験 ○健康と安全 ○事故防止の情報 ○子どもの絵や感想文 ○保護者の声 ○アンケートの報告 ○ミニ知識コーナー（ことわざ、新聞記事など） ○保護者への協力の依頼 ○専科からの連絡 ○集金のこと ○行事のこと ○ＰＴＡからの連絡

② 他の学級や他校の学級だよりも参考にする

他の学級や他校の学級だよりにも関心をもって、自分の紙面づくりに役立てるようにします。

③ 定期発行（月二回、週一回など）の学級だより

一週間の学習・生活の予定を知らせる必要から、できれば週一回は発行するようにしたいものです。その際、内容に応じてレイアウトを変えることはあっても、基本的な紙面構成は決めておくとよいでしょう。

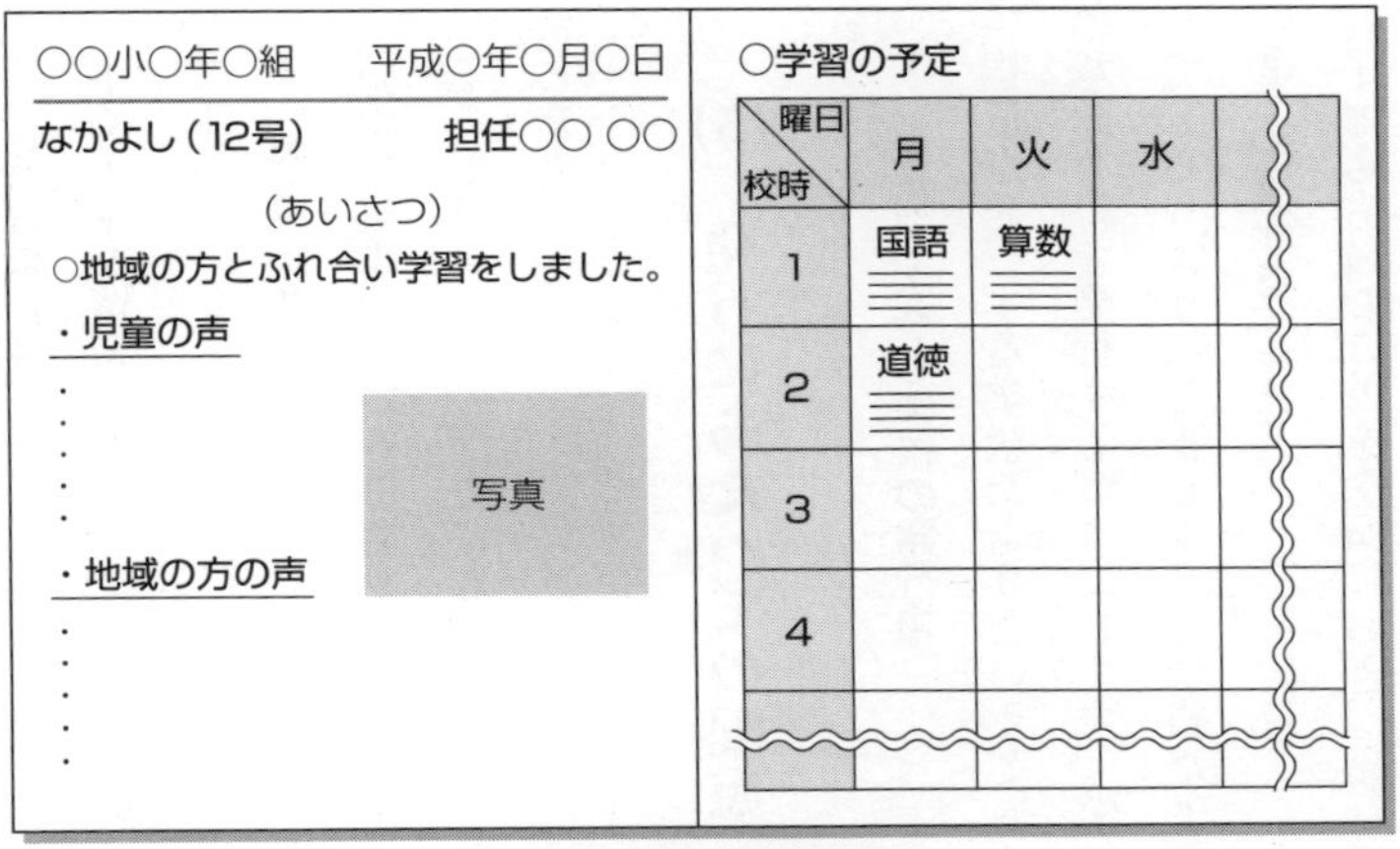
○○小○年○組　平成○年○月○日
なかよし（12号）　担任○○ ○○
（あいさつ）
○地域の方とふれ合い学習をしました。
・児童の声
写真
・地域の方の声
○学習の予定
曜日
校時
月
火
水
国語
算数
道徳
1
2
3
4

B4判　見開きの学級だより

④ 毎日のように発行する学級だより

例えば、持ち物の変更、緊急連絡、交流体験などの速報、急に必要な協力依頼など、必要に応じて迅速に内容を伝えたい時などに発行回数を多くすることが考えられますが、学級だよりを毎日発行すること自体が目的になってしまわないように留意することが大切です。

(4) 紙面の大きさと工夫——

① 用紙の大きさ

用紙の大きさに応じて、内容と紙面のレイアウトを考えます。よく使われる用紙としては、大きいものから順にＡ３判、Ｂ４判、Ａ４判、Ｂ５判などがあり、横・縦の違いや見開きの有無によっても内容の分量やレイアウトが変わってきます。

② **発行回数に応じて**

早く正確な情報を保護者に伝えるために、こまめに毎日のように発行する場合は、B5判がよいでしょう。

③ **内容に変化を**

いつも決まっている事柄や文章以外に、絵、図、表、写真などを載せます。エピソードを掲載することは、学級の歴史にもなります。過去・現在・未来の時間の経緯を意識して記載するようにします。

(5) 発行にあたっての配慮

① **学級だよりも学校の発行物**

担任が発行する学級だよりといえども、その内容の最終責任は校長にありますので、必ず校長の承認を得て発行するようにします。学年主任、主幹、教頭にも、事前に一部ずつ渡して目を通してもらうようにしましょう。学級だよりを校内に掲示する学校もあります。

② **配慮するべきこと**

子どもも読むことを念頭におき、発行にあたって次のようなことに配慮します。

●誤字、脱字、送りがなに注意する。
●タイムリーに正確に伝える。タイミングがずれると興味が半減する。
●人権に配慮する。表現の適切さや写真の肖像権に注意する。
●子どもの感想文などを載せる場合は、特定の子どもに偏らないようにする。載せる意図や載せる順序の意味を伝えると、誤解を防ぐことができる。また子どもの作品は、適切な表現に指導したうえで載せるようにする。
●他の学級への配慮をし、自分勝手で「学級王国」的にならないようにする。
●学年だよりなどとの関連を考え、重複はできるだけ避ける。
●学級だよりに対する保護者や子どもの感想・考えを聞いて、参考にする。

2 「お知らせ」は正確に、分かりやすく

(1) 「お知らせ」は子ども、保護者に正確に

学級だよりと同じように、担任の「お知らせ」は学校から家庭への大切な情報の提供です。「お知らせ」には子どもを通して行うものと、担任から保護者へ伝えるものがあります。子どもには口頭で伝える場合と連絡帳などを使って行う場合があります。ここでは、保護者への「お知らせ」について考えてみます。

担任から保護者へのお知らせには、個々の保護者に電話や手紙、連絡帳などで知らせる以外に、保護者全体に連絡網や連絡文書（「お知らせ」）で伝えるものがあります。

連絡・お知らせは、事前に５Ｗ（いつ、だれが、何を、だれに、どのように）を意識して内容を下書きをして十分に検討しておくことが、正確に保護者に伝えるうえで大切です。

〈例1〉

○年○組　　平成○年○月○日
保護者様　　○○小学校校長○○ ○○
担任○○ ○○

学芸会の協力のお知らせ

日頃より、ご協力をいただきましてありがとうございます。
さて、学芸会のご協力をお願いいたします。児童もがんばっています。

1. 目　的　衣装づくりの協力をお願いします。
2. 日　時　平成○年○月○日
3. 用意していただく物
・
・
4. 児童からのお誘いのことば
……………………………………
……………………………………

〈例2〉

○○小○年○組　　平成○年○月○日
保護者様
担任○○ ○○

風邪の予防について

学級で風邪が流行ってきました。特に次のことについて配慮くださいますようお願いします。

○配慮すること
・うがいを励行する。
・手洗いをする。
・早めに床について体を休める。
・温かい服装に心がける。
・水分を十分とる。
・早めに医師に診てもらう。

※校長名は校長の了解を得て入れないこともあります。

(2)「お知らせ」の内容

●学級だよりでは伝えられないこと、もっと詳しく知らせたいこと。
●運動会、音楽会、学芸会、展覧会などの行事に関すること。
●生活科や総合的な学習の時間の協力（ゲスト、アシスタント）の依頼。
●子どもの発表会への参加協力、子どもと一緒につくるお誘いなど。
●子どものがんばりの声。
●子どもからの保護者への呼びかけ。
●風邪の流行の時、うがい、手洗いなどの資料や予防の協力依頼。

〈例3〉

平成○年○月○日

保護者様

○○小学校　校長○○ ○○
担任○○ ○○

総合的な学習の協力のお願い

今、授業で地域に出て調べる学習をすすめています。下記の要領で実施しますので、児童のつきそいにご協力をいただける保護者の方がいらっしゃいましたら、お知らせくださいますようお願いいたします。安全には十分に注意したいと思います。

記

1. 目　　的　リサイクルについての課題さがし
2. 集合日時　平成○年○月○日　午前○時
3. 集合場所　○○小学校正門前
4. 児童が調べに行く場所
（地図、経路を示します）

----------（切りとり）----------

○年○組（　　　　　）

1. 参加できます　　　　2. 都合がつきません

〈例4〉

平成○年○月○日

保護者様

○○小学校校長○○ ○○
担任○○ ○○

生活科で必要な物のお知らせ

涼しくなってきました、季節の変わり目ですので、健康に注意するように指導しています。

さて、先日、保護者会でもお話ししましたが、生活科で0才～5才くらいまでの小さい時の写真、そのころ使っていた物（ぬいぐるみ、おもちゃなど）を1つずつ持たせてください。お預かりしたものは、必ずお返しいたします。

○月○日まで集めますので、児童との話し合いの上、用意してくださるようにお願いします。

その際、保護者の方から、どんな時の写真で、品物をどのように大切にしていたか、またその当時の児童のエピソードを話してあげてください。学級で作文を書いたり、他の児童に紹介したりします。よろしくお願いいたします。

発表会の日には、保護者の方にご案内を出しますので、その時はぜひご都合をつけて発表会にご参加ください。

(3)「お知らせ」作成上の配慮

「お知らせ」を発行すれば何でも保護者に分かってもらえると安易に考えないことです。また学級だよりと同様、信頼を深める働きがあるのと同時に、「お知らせ」の内容や発行の仕方によっては「いったいどういう先生なのだろう」と信頼を失うきっかけになることもあります。そこで、次のようなことに配慮しましょう。

●「お知らせ」を出す目的をはっきり示し、発行のねらい、理由を書く。
●いつ、だれが、だれに(発行の年月日、責任者、対象者)を記載する。
●学級だよりと同じように、誤字、脱字、漢字の使い方、送りがなに注意する。
●学校の文書の最終責任は校長にある。担任の発行する「お知らせ」も例外ではなく、「校長は知っているのですか」といった苦情が保護者から校長に寄せられることもある。そのため、堅苦しいようでも必ず教頭、校長に目を通してもらい、指導を受けたうえで発行するようにする。
●学年の教師にも、事前に「こういうものを出したいのですが」と渡し、理解を得るようにする。
●読みやすさを考えて、文章の5Wを意識するとともに、レイアウト、絵・図・カットを入れる。
●人権には十分配慮する。誠意、公平感をもって文書を作成する。

3

「連絡帳」で心の交流を

(1) 連絡帳の役割

担任と保護者が毎日のように連絡を取り合うことができるのが、連絡帳です。担任からは、子どもを通して保護者に必要な内容を連絡します。保護者も、子どもを通して担任に知らせたいことを連絡帳に書くことができます。

このように連絡帳は、担任と保護者の情報交換と心の交流の場としての役割を果たしています。担任は連絡帳に心を込めて記入し、保護者も身近な情報として連絡帳の内容に関心をもっています。保護者は子どもに「連絡帳を見せて」と声をかけます。子どもはかばんから「はい、これだよ」と言って渡します。連絡帳は家庭での心の交流のきっかけづくりにもなっています。保護者は担任からの心あたたまる連絡を期待しています。

(2) 連絡の内容

ま…三行日記 も…水着（カード、帽子） れ…エンピツや消しゴムを 　　きちんとそろえる しゅ…漢字ドリル P.7　3回ずつ書く て…学校だより
れ…体験スピーチをする人は用意する も…家庭科で必要なもの（ノートを見る） しゅ…算数のプリント 　　家族の肩たたき て…保健だより ※順番や頭文字は工夫してみてください。

① 定期連絡の仕方は?

連絡項目を決めておくと、連絡を受ける保護者も子どもも分かりやすくなります。左記のように頭文字を活用するなど工夫してみましょう。例えば、

ま………毎日行うもの
も………持ってくるもの
れ………連絡すること
しゅ……宿題
て………学校からのお手紙

② 個別に連絡帳を使う

学習・生活上のことで個別に保護者に連絡する時に連絡帳を活用します。その際、困っていることばかりでなく、努力、工夫していることも書くようにします。

(3) 子どもが連絡帳を書く時間

担任は帰りの会までに、黒板の「まもれしゅて」の文字(前ページ参照)の下に連絡する内容を書いておきます。子どもは帰りの会の時にそれを連絡帳に写します。時間に余裕がない場合もありますので、書く時間を与えることが大切です。

担任は、子どもが連絡帳に書いたかどうかを確認することが大切です。担任が見ることで、子どもがしっかり書くことにもつながります。声かけをして子どもに具体的に援助することは子どもの意欲を高め、励みにもなります。

(4) 保護者からの連絡

子どもには、必ず毎日連絡帳を提出させるようにします。登校したら、まず連絡帳を出す習慣をつけます。

そして、担任は必ず連絡帳に目を通すのを習慣とするようにします。連絡帳を見たら、担任は印を押します。保護者からの連絡がある場合は、読んで返事を書きます。

（例）
●保護者「体調が悪いようなので、給食はあまり食べられないと思います」→担任「本人に聞いて無理をしないように話しました。残しましたが、少しだけ食べました」
●保護者「体育着が見つからないと言っています」→担任「クラスの子どもと探してみましたが、見つかりませんでした」（このような場合は電話でも詳しく状況を聞き、誠意をもって対応します）

連絡には健康・体調、友達との関係、紛失物などがありますが、保護者は担任がどのように対応してくれるか関心をもっています。必ずどのように対応したか返事を書きます。

また、学校でがんばっていることなども書くようにします。保護者に子どもが家庭で努力していること、がんばっていることなどを書いてもらうのもよいでしょう。

(5) 早退、欠席の連絡への対応は

保護者からの連絡には、「病院に連れて行くので、二時間で早退させてください」といったものもあります。そういう時は保護者に電話をかけて、学校に迎えに来られるかどうかを聞きます。もし迎えに来られない場合は、教頭、校長に知らせて学校のだれか（例えば主事、教頭など）が

一緒について行けるような体制を取ります。早退の時は安全に十分配慮します。

欠席する場合は、兄弟姉妹や近所の友達に連絡帳を担任に届けてもらうように、保護者に伝えておきます。連絡帳が出せない場合は、学校に電話をするようにします。連絡がない場合、何かトラブルが発生していることもあります。すぐに連絡を取るようにしましょう。

4 「保護者会」で悩みや意見をどう受け止めるか

(1) 保護者会の意義

保護者会は学校によって回数が異なりますが、最低でも学期に一〜二回は開かれる学校が多いようです。保護者会は学級の保護者が担任と、また保護者同士が情報を交換したり、いろいろな課題について話し合ったりする場です。

年間を通しておおよそどのようなことが話し合われるか計画を立てて保護者に知らせておくと、見通しがついてよいと思います。間近になったら具体的に保護者会の日時、場所、内容などを知らせます。

保護者と話すのが苦手だという教師もいます。しかし、保護者との信頼関係があってこそ、教育効果は高まります。学級経営のうえで、保護者会は重要な会であるとの認識が大切です。

(2) 保護者会のもち方

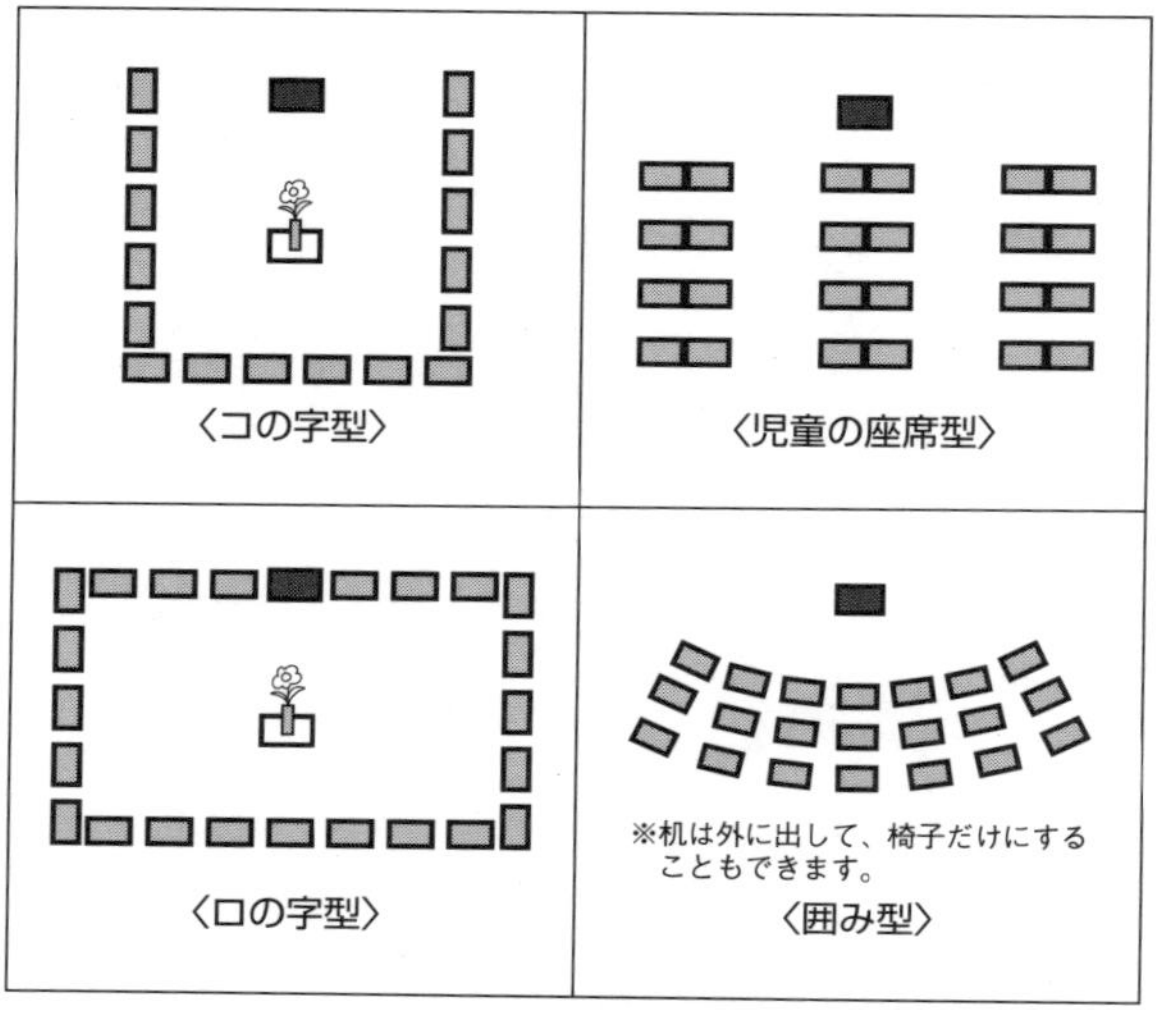
〈コの字型〉
〈児童の座席型〉
〈ロの字型〉
※机は外に出して、椅子だけにすることもできます。
〈囲み型〉
座席の工夫（■は担任）

連絡すること、話し合うこと、協力をお願いすることなどを事前に整理しておきます。

〈保護者会のテーマ例〉
・子どもの学校の様子（生活・学習、努力・工夫、健康・安全、子どもの作品など）
・行事、授業への協力依頼
・評価のこと（評価規準や通知表の見方）
・家庭での様子の情報交換
・困っていることの情報交換
・教育改革の情報提供
・手づくり体験（保護者が先生に）
・ＰＴＡのこと（担当の方と事前連絡を）

(3) 魅力ある保護者会

保護者会を魅力あるものにすることで、保護者が参加したいと意欲を高めます。

●教室環境の整備……掲示物の整理・美化、保護者の名札の用意、花などを飾る　など

●資料の提供……感想文など子どもの作品、子どものがんばっていること、成長の様子のビデオ・写真など

●雰囲気づくり……お互いの名前を覚え合うための簡単なゲームなどの導入、保護者が何でも言え、情報交換できる雰囲気づくり

●体を動かす取り組み……話し合いだけでなく、物（折り紙など）をつくるなどの活動の導入

(4) 何でも言える雰囲気づくり

保護者のなかには、仕事を休んで保護者会に参加する方もいます。せっかく参加しても何も言えない雰囲気では、魅力を感じません。また、一方的に担任が話をするだけでは、マンネリ化します。

●話題を決めて話し合う。保護者からも話題を提供してもらう。
●自由に感想や意見を出してもらう。
●よいことばかりでなく、率直に課題や問題点を出してもらう。

(5) 保護者の悩みや意見を受け止める

保護者は我が子がどのように学校で過ごしているか、強い関心をもっています。また、家庭での子どもの言動に困っていて相談したいと思っていることもあります。保護者会で保護者から我が子の悩み、つまずき、心や体の成長の様子、反抗的な態度や言葉、友人関係、担任との関係などの悩みや思いが出てきます。保護者会でそれらが出てくるようでなければ、きれいごとで終わってしまう物足りなさを感じて帰宅することになります。

担任は、次のことに配慮しましょう。

●保護者の悩みや思いに誠実に耳を傾ける。
●他の保護者からも子どもの様子や思いを聞く。
●個人の問題も必要に応じて学級の課題にして、協力して解決していく。
●保護者の課題は担任の課題として、真剣に解決に最善を尽くす。

●即答できない場合は後日情報を収集し、個人的に保護者から話を聞くようにする。必要に応じて先輩の教師や教頭、校長に相談する。対応が遅れると、解決が難しくなる。
●課題解決には誠実に、迅速にあたる。担任としての課題解決力が試される。
●子ども本人とも話し合う場を設ける。日ごろから担任は子どもと話せる関係をつくっておく。

5 「個人面談」では本音を語り合う

(1) 保護者が期待する個人面談

個人面談は、保護者会、家庭訪問などと共に、担任と保護者が話し合って相互の関係を深めるよい機会です。もちろん、最大のねらいは担任と保護者が子どもへの理解を深め、よりよい成長を促すことにあります。保護者が個人面談を通して「先生と話をしてよかった」と思えるものにすることが大切です。

そのためには、個人面談の意義やねらい、もち方、面談の場の環境づくり、資料づくり、話し合う計画・時間配分などを事前に考えておきます。同時に、子ども一人一人の情報も整理しておきます。担任として日ごろから行っていることですが、あらためて面談に向けて、子どものよさ・がんばっていることや課題として指導していることなどを、箇条書きでまとめておきます。

(2) 個人面談のもち方

平成○年○月○日

保護者様

○○小学校
担任○○ ○○

個人面談のお知らせ

日頃の保護者の皆さまのご協力に感謝申し上げます。

さて、個人面談の計画を立ててみました。ご都合がつかないようでしたら○月○日までにご連絡くださいますようお願いいたします。

月日／時刻	○／○（月）	○／○（火）	
○時○分～○時○分	氏名	氏名	
○時○分～○時○分	氏名	氏名	

個人面談のお知らせ

- 個人面談の日数と時間数には十分考慮して計画を立てる。
- 事前に保護者から都合のよい日、時間帯を聞いておき、日程を調整する。
- 落ち着いて話し合える環境をつくる。花を飾ったり、子どもの作品を用意する。
- 座席は正面から向かい合うより斜め横くらいがよい。机の高さは同じにする。
- 事前に子どもの資料やアンケートを用意しておくと、参考になる。
- 担任は服装に注意する。

(3) 事前に準備すること

備えあれば憂いなしといいます。個人面談を、きれいごとだけでなく本音が出せて、子どものよさを確認する場にするために、担任の事前の準備は欠かせません。

●絵や工作、作文・感想文、ノート、学校の様子（目標をもってがんばっていること、エピソード）など、子ども一人一人の資料を準備する。
●事前に子どもからアンケート（努力していること、困っていること、自分で直したいこと、これからしたいこと、先生に聞きたいこと）をとっておく。
●アンケートをもとに、事前に子どもと話ができるとよい。日ごろの観察とは違う子どもの姿を発見することもある。子どもも先生と話し合いたいと願っている。
●個人面談についての「お知らせ」を出す時に、保護者が特に担任から話を聞きたいことを集めておくと、焦点化した面談ができる。
●保護者の質問、発言の時間を確保し、担任が一方的に話をしないように心がける。
●専科の教師から伝えてほしいことがある場合は、事前に聞いておく。
●保護者を長時間待たせないように配慮するとともに、待っている間に読めるように、学校・学

掲示物
子どもの乱暴なことばづかいに困っています。
保護者
※廊下で順番を待つ場合（長い時間待たせない）
ドア
そうですか。
資料
担任

級だより、子どもの作文、掲示物などの準備をしておく。できれば保護者が待つ部屋を用意するとよい。

(4) 保護者と本音で語り合う
……共通の目標をもつ

●保護者から子どもの生活面、学習面において困っていることを出してもらう。
●友人関係でいじめがないか、いやがらせを受けていないかを話してもらう。ただし、もしあるのならばこれらは緊急に対応すべき内容で、本来ならもっと早く知って対応していなければならないことである。
●学習面で遅れている場合、担任の指導と子どもの状況を話して、家庭の協力をお願いする。このことで、担任と保護者が共通の目標に向かって努力することにもつながる。特に、「読み・書き・計算」の基礎的な面や、「話す・聞く」の面を大切にする。

●本音で子どものよさを認めるのが大切。

5章

「絶対評価」は難しくない

納得できる〈評価〉と〈評定〉とは

1 絶対評価の意味と進め方

(1)「評価基準に照らして評価する」のが絶対評価

授業をする場合、「二位数どうしの繰り上がりのあるたし算の筆算の仕方が分かり、計算できるようにする」というような指導目標を必ずつくります。しかし、これだけでは、子どもを明確に評価することはできません。そこで、子どもが、目標を達成できたかどうかを判断することができるようにするために、「①二位数どうしの繰り上がりのあるたし算の筆算の仕方を見つけ、②説明でき、③八〇%以上できるようにする」というように「評価基準」を作成します。そして、この評価基準に照らして、個々の子どもが目標を達成したかどうかを評価するようにします。

このように評価基準を作成して、授業の目標を達成したかどうかで子どもを評価する方法を「絶対評価」または「目標に準拠した評価」といいます。

●オリンピック―　相対評価
1
2
3
●評価基準に照らして―　絶対評価
A子
よく考えた
B夫
計算が90%
できた
C男
正三角形が
正しくかけた

(2) なぜ「絶対評価」なのか

学級のなかでどのくらいの位置にいるかで評価する方法を「相対評価」といいます。または「集団に準拠した評価」といいます。相対評価では、自分は学級で何番目くらいの成績かということは分かりますが、自分は何が分かり、何がまだ分かっていないかははっきりしません。

そこで、子ども自身が学習を振り返り、どのことはよく分かっているかを知って自信をもち、何が不足しているかを知って学習の仕方を修正していけるように、絶対評価を取り入れているのです。

(3)「何がどこまでできたか」の評価

絶対評価を進める時に大事なことは、何がどの程度できたか、どこまでできたかをハッキリとさせることです。そして、子どもに、到達できたかどうか、あと何ができるようになればよいのかを知らせたり、気づかせたりします。そして、できたことは大きくほめ、まだのところはていねいに指導するようにします。「知識」や「技能」などの評価には、この考え方が大変有効です。

(4)「何と何をよくやっていたか」の評価

「考え方」などの評価は、点数にあらわしたり、出来ばえを明確に捉えたりすることがしにくい面があります。このような時は、「前に学習していたことを使って考えていた」「図にかいて工夫していた」「どのようにしたらうまく行くか見通しを立てて取り組んでいた」など、考えることに関する視点から観察し、できていること・できていないことを見つけ、それらを積み重ねて総合的に評価します。「関心・意欲・態度」や「思考・判断」などは、いくつかの要素に分析し、それらがどのような状況であったらよいのかを「評価基準」にしていくことが実際的です。

指導と評価と援助は一体

(5) 授業のなかの「評価項目」を絞る

絶対評価は、評価基準を設けて、どの子どももその基準をおおむね達成できるようにしていく「基礎学力を保障する評価」なのです。

ですから、毎日の授業のなかで、指導したら必ず評価し、評価して子どもの反応が捉えられたら、それぞれの子どもに応じて援助の手立てを尽くしていくことが必要になります。

しかし、このようなあたたかくていねいな「指導と評価と援助」を行うことには、大変な工夫と努力がいります。そこで、一時間の授業のなかで行う意図的な評価は、できるだけ一つに絞って重点的に進めることが大切になります。この積み重ねが、子どもの基礎学力を確かにしていくのです。

2 テストの採点の仕方と返し方のポイント

(1) テストは到達状況の確認

テストは成績をつけるためのものと私たちは頭から思いこんでいます。間違いではありませんが、少しこの考え方を修正する必要があります。テストは、子どもが目標（評価基準）を達成することができたかどうかを確認するためのものです。単元の学習が終了し、どの程度分かっているか、できるか、学習したことが使えるようになっているかを確認するのがテストなのです。

したがって、テストをして評価・評定をつけてそれで終わりというものではないのです。この単元の達成状況がどのようであったかを確認できたら、まず、それぞれの子どもにこれからどのような補充や発展学習をさせるかを考える手がかりにし、さらに子ども（特に遅れがちな子ども）を伸ばす援助をするのです。テストを評定の資料として活用するのはもっと先のことです。

(2) 採点は具体的に

〈良い例〉

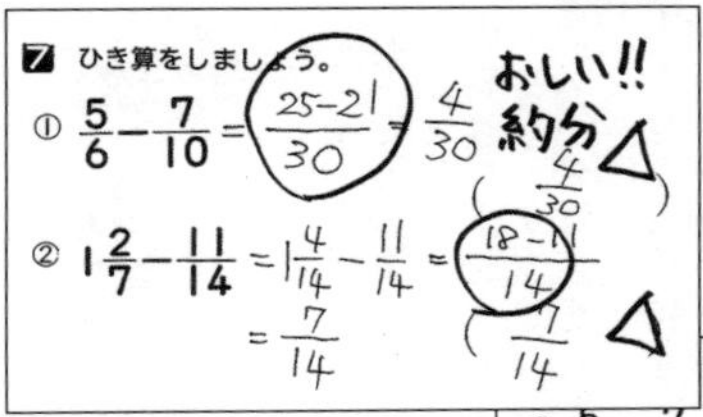

〈悪い例〉

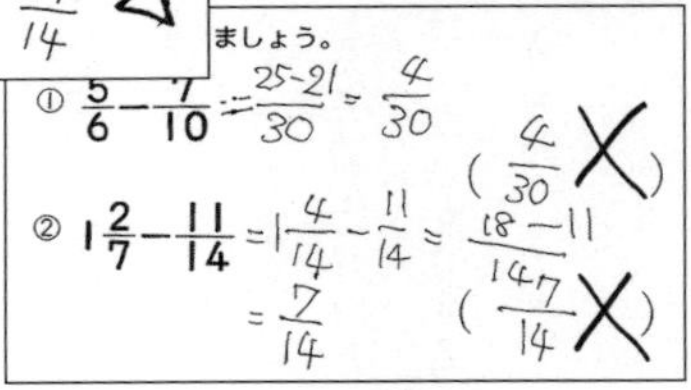

テストの採点で、一括して「ハナマル」をつけたり、「A」とか「GOOD!」と書いて済ませたりすることがあります。子どもの方も「あ、そうなのか」と軽く受け流してしまい、再確認しないことが多いです。テストは、一つ一つの問題やチェックポイントをていねいに見て、確認したこと一つ一つに○をつけることが大切です。

このことによって、教師は子どもの考えや反応をきめ細かく捉えることができます。子どもは、ものごとを一つ一つていねいに確認するようになります。自分が分かっていることやできていることを確認することは自信につながり、逆に分かっていないことやできていないことを確認することは、今後の学習方法を変える手がかりになります。

(3) あとのフォローが大事

テストは、第一義的には、あくまでも分かっているか、できるようになったか、学習したことが活用できるようになったかを確認するためのものです。したがって、次のような段階でテスト後のフォローをすることが大切になります。

●テストの採点をしたあと、点数だけでなく、よくできた部分にコメントをつけ、ほめて自信をもたせるようにする。

●テストで「もう少し、惜しい！」「うっかりしたな」というところを発見したら、共感的なコメントをつけて考え方や仕方のよい点を大いに認め、やる気を高めるようにする。

●子どもによっては、がっかりするような結果に終わってしまうこともままある。このような時は、「もっとしっかりやりましょう」「もっとがんばりましょう」などと励ましのコメントだけを書いても、子どもの心にまでは届かない。そっと呼んで、どこがよく分かって、何ができないのかを簡潔に知らせ、できるだけ早い機会に補充的な学習をして、基本的な事柄の理解と習熟の手助けをする。そして、何よりも大切なのは、分かるようになったか、できるようになったら、担任は我がことのように喜んであげること。

(4) 再度の挑戦

〈最初のテスト〉

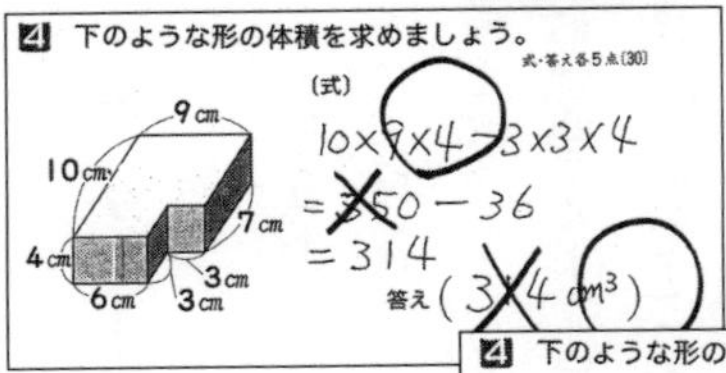
4 下のような形の体積を求めましょう。
式・答え各5点(30)
(式)
10×9×4−3×3×4
=350−36
=314
答え(314 cm³)
9cm
10cm
7cm
4cm
6cm
3cm
3cm

〈再度挑戦したテスト〉

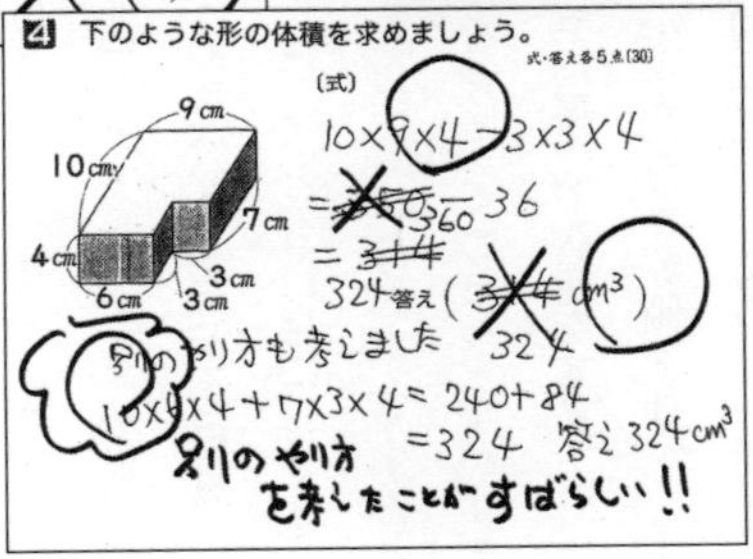
4 下のような形の体積を求めましょう。
式・答え各5点(30)
(式)
10×9×4−3×3×4
=350−36
360
=314
324 答え(314 cm³)
324
別のやり方も考えました
10×6×4+7×3×4=240+84
=324 答え324cm³
別のやり方を考えたことがすばらしい!!
9cm
10cm
7cm
4cm
6cm
3cm
3cm

かつて多くの人が体験した「追試」というほろ苦い言葉があります。しかし、このシステムからは、「再度チャレンジさせる」という教育的なあたたかみを感じ取ることもできます。

テストばかり行うことにはいささかの異論がありますが、分からなかったことが分かるようになった、できなかったことができるようになった、学習したことを使って問題を解いたり課題を解決したりすることができるようになった段階で、再度の挑戦をさせるようにしたいものです。

そして分かった、できた、使えたということが確認できたら、それを正当に評価するのです。子どもに学習意欲がもどってきます。

(5) テストの仕方の工夫

① 小テストと単元テストの組み合わせ

テストは達成することができたかどうかを確認するものであるということを、子どもに十分に理解させることが必要です。そのうえで、知識・技能の定着の状況はそのつど、小テストで小刻みに確認するようにします。そして、最後に、単元テストで到達度を総合的に確認します。

② できたこと・できなかったことの自覚

テストを行ったら、子ども自身に「できたこと」「できなかったこと」などを振り返らせて記録させます。簡単な表にして見やすくするとよいでしょう。自分自身をじっくり見つめるようになり、自己評価力を育てることにつながります。

③ 「最終段階の到達度」で評定をする

その子のテストの平均点で評価・評定をすることには、慎重でありたいものです。なるべく評価・評定をする時期に近いところでの到達度を捉えて、評価・評定に反映させるように努力することが重要です。例えば五月にできなかった子どもが七月にできるようになっていることはよくあることですし、理解に時間のかかる子どもを正当に評価することが大切です。

3 子どもを変える作文やレポートのコメント

(1) 作文を書く気にさせる

子どもにとって作文を書くことは大変なことです。まず「何を書いたらよいか分からない」といいます。せっかく書いても「なおされてばかりでつまらない」「自信がない」という子もいます。

①「ねらい」にそって評価する

教師は、「ねらい」をもって子どもに作文を書かせます。子どもの作文を評価する時は、まず第一に、この「ねらい」にそって作文を書き進めているかどうかを重点的に見ていくことが大切です。

第二に、一定の型にはめず、形式や表現方法にあまりこだわらないで内容本位で評価し、自信をもたせ、作文を書くことに抵抗をなくし、書く気にさせることが大切です。

②「表現した内容」にコメントする

作文の評価では、その子の思い、考え、意見などをくみ取り、そのよい点を強調してコメントすると効果的です。

表現の仕方が少しくらい整っていなくとも、内容のその子らしさ、独自性を評価すると子どもは作文を書くことに自信をもち、しだいに意欲的になります。

③ 漢字の添削に終わらない

きめ細かい指導のあらわれとして保護者には人気の高い「漢字の添削で真っ赤になった作文」も、子どもからすれば「自分の書いたことを見てくれない」、いやなことに映るようです。

作文には、漢字の読み書きを超えたねらいがあることを認識して、作文のコメントが漢字の添削に終わらないようにしたいものです。

(2) レポートをつくる意欲を高める

レポートなどの作品を作成する際に気になることは、子どもの制作意欲がいま一つ盛りあがらないことです。「理科は嫌いです。観察や実験は好きですが、そのあとにまとめをさせられるのがいやだからです」というようには、したくないものです。

① 導入と準備をきちんとさせる

レポートの作成に取りかかる前に、次のようなことをきちんと示して、子どもが何のためにレポートの作成をするのか理解でき、目的意識をもって取り組めるようにすることが大切です。

●「今までに調べたり追究してきたことを、自分らしく、分かりやすく、世界にたった一つしかないまとめにするために、レポートをつくります」

●「自分らしいレポートをつくるためには、自分の課題、追究の仕方、分かったこと、自分の考えや感想などを整理しておくとつくりやすいです」

●「レポートをどのようにつくるかというきまりはありませんが、見本を見たい人は先輩のつくったものがありますので参考にしてください。ただ、そのまま真似をしないで、自分らしく工夫することが大事です」

B男は、インタビューの
仕方をほめてあげよう。
まとめ方をていねいに
することを注文
しよう。
A子の調べ方の
よかったことをほめて
あげよう……

②「その子らしさ」にコメントする

レポートの評価では、課題と追究過程、結果と、自分としての解釈（自分とのかかわり、分かったこと、感想、意見など）を重点的に評価します。

そのなかでも、「その子らしさ」が光っている部分を見つけてコメントすることが大切です。子どもがよりよく、その子らしく個性的に成長していくことになるからです。

③「注文」をつけることも忘れない

ただし、子どもの作成したレポートをそのまますべて認めてそれでよいのか、という心配もあると思います。

「その子らしさと努力」を認めつつ、さらによくするためにはここをこのようにした方がよいという注文を、明るく、簡潔につけることが必要です。

4 評価に役立つ記録の取り方と活用

(1) 授業に役立つ記録とその活用

評価は、授業のなかでその時その場で行うことが原則です。また、その状況や反応を記録に取り「評価資料」として整え、それを次の授業に効果的に活用していくことも大切です。

① 「評価基準」に照らして評価し、記録する

授業のなかで評価する場合も、学習が一段落したあとにテストなどで評価する場合でも、大切なことは「評価基準」に照らして評価するということです。「評価基準」に照らして評価した結果やコメントが記録されていれば、信頼性の高い評価資料として活用できるからです。

授業中の評価の記録は、教師が子どもに援助しながら行っているので、記号や数字、キーワードによるコメントなどで簡便にすることが必要です。

番号	予備調査 一対一対応	数える	10までの数 五分間中分解	20までの数 二分間中合成	二分間中分解	たし算三問	ひき算三問	文章問題 たし算 立式	答え	ひき算 立式	答え	意識調査 六教科中好きな順位	算数は楽しいか	算数で楽しいと感じる時	配慮事項
	○	○	5	2	2	3	3	○	△	○	△	1	5	1, 3, 10	
	○	○	5	2	2	3	3	○	△	○	△	1	4	3, 6, 7	
												6	5	1, 8, 10	
	○	○	5	2	2	3	3	○	○	○	○	1	5	2, 3, 6	
	○	○	5	2	0	3	0	無	○	無	○	6	4	1, 5, 8	
	○	○	5	2	2	3	3	○	○	8-5=4	誤	全部	5	1, 2, 8	
	○	○	5	2	2	3	3	○	○	○	○	2	3	2, 7	
	△	○	5	2	2	2	3	○	○	○	○	2	5	2, 6, 10	
	△	誤	5	2	2	3	2	○	○	○	○	3	4	2, 9, 10	理解力・作業
	○	○	3	2	2	3	2	○	○	○	○	6	4	3, 6, 7	
	○	○	4	2	2	3	3	○	○	○	○	1	5	1, 2, 3	行動面・作業
	○	○	5	2	2	3	3	○	○	○	○	3	5	3, 6, 10	
	○	○	5	2	2	3	3	○	○	8+5=13	誤	2	4	1, 2, 10	
	○	○	5	2	2	3	3	○	○	○	○	2	4	1, 6, 10	
	○	○	5	2	2	3	3	○	○	○	○	1	4	2, 8, 10	
	○	○	5	2	2	3	2	○	○	8+5=13	誤	3	4	1, 7, 10	
	○	○	4	2	1	3	2	無	○	無	○	4	5	1, 6, 7	行動面
	○	○	5	2	2	3	3	○	○	○	○	3	5	1, 5, 10	
	○	○	0	2	0	3	3	63=9	△	85=13	誤	2	3	1, 3, 10	理解力・作業
	○	○	5	2	2	3	3	○	○	○	無	全部	5	1, 5, 10	行動面
	○	○	4	2	2	3	3	○	△	8+5=15	誤	5	4	1, 3, 6	
	○	○	2	2	0	3	2	無	○	無	誤	6	1	3, 8	行動面
	○	○	5	2	2	3	3	○	○	○	○	3	4	5, 9, 10	

記録一覧表の例

座席表の例

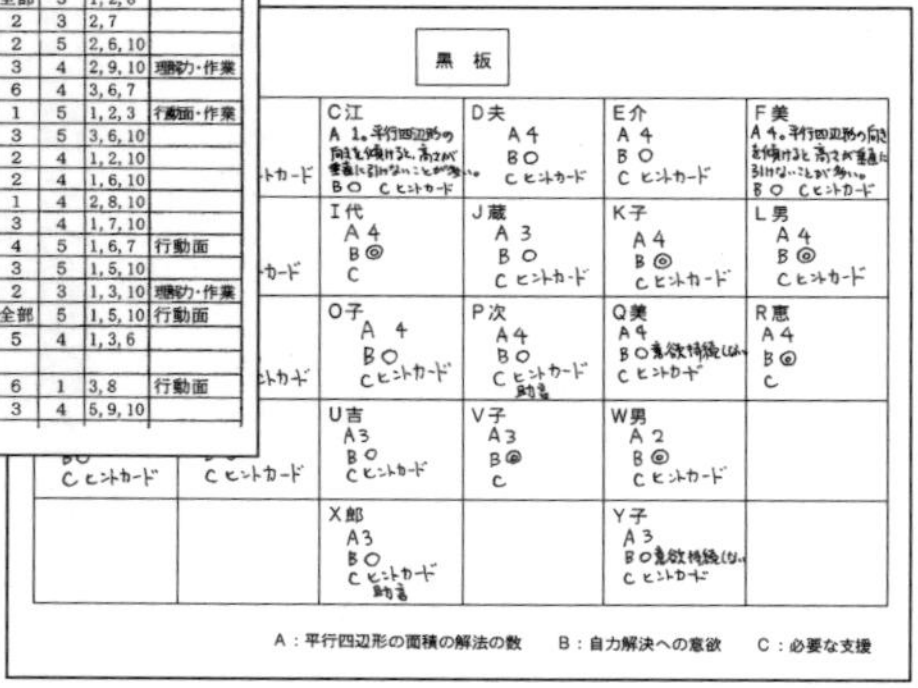

② 授業のなかで子どもの援助に活用する

子どもたちを観察していて気づいたことが簡単にでも記録してあれば、その授業のなかですぐに援助することを可能にします。

また、記録をしていると特定の子どもの特徴が見えてくることがあり、子どもへの援助の有力な手がかりになります。

③ 学習シートやテストの結果も記録する

学習シートの結果は、その授業のなかですぐに活用できますが、授業が終了してから点検し、分析することもあります。

そこで、テストだけでなく、学習シートの点検や分析の結果を記録しておくことが大事です。記録してあれば、次の授業の進め方の修正、ある子どもに対する援助の手立てを考える「評価資料」になります。

	1	2	3	4	5	6	7	8
ねらいに合わせた評価／児童氏名	関心意欲態度	話す	聞く	書く（短文）	書く（作文）	読む	知・理・技	書写
1	○	○	○	◎	○	○	○	◎
2	○	◎	◎	○	○	○	○	○
3	△	△	○	◎	△	○	△	○
4	◎	○	◎	○	◎	◎	○	○
5	○	○	○	◎	◎	◎	○	○
6	○	◎	○	○	○	○	◎	○
7	◎	◎	◎	◎	◎	○	◎	○
8	△	△	○	○	△	○	○	○
9	△	○	△	○	△	○	△	◎
10	◎	○	◎	◎	○	○	○	○
11	◎	◎	◎	◎	◎	○	○	○
12	○	○	○	◎	○	◎	○	○
13	○	○	○	○	○	○	○	○

通知表の項目にしたがって記録しておくと便利だよ

(2) 通知表と指導要録に役立てる記録とその活用

評価は、授業のなかでその時その場で行うことが原則ですが、通知表の評価や指導要録の評価・評定を適切に行うためには、記録を取って「評価資料」を整え、さらにその評価資料を効果的に活用することが大切です。

① 通知表の「評価資料」になる記録の仕方

授業中に記号や略語で記録したものは、その時その場で生かすことができます。これらとテストの結果、作品やワークシートの分析などを名簿に整理しておくと、通知表や指導要録の評価・評定に活用できる評価資料にすることができます。

その際、評価・評定の項目に即して整理しておくようにすると、活用しやすくなります。

② 通知表の評価に活用

通知表には、子どもも保護者も大きな関心をもっています。その関心は「自分の成績はどのくらいか、上がったか、下がったか」に加えて、「どうしてこのような成績になったのか」に集約することができます。

この真意を推測すると、「きちんとした資料をもとに、定められた手続きをふんで、根拠のある評価をしてほしい」ということだと思います。したがって、「評価資料」は、通知表の評価に際して、根拠のある、しかも公平な評定をする「おおもと」として活用されます。このことは、「評価資料」が通知表の評価の根拠となるように記録・整理されていることを必要とします。

③ 指導要録の評価に活用

指導要録の評価・評定についても、通知表と同じようなことがいえます。通知表が一年間の経過のなかの学習の実現状況を示すのに対して、指導要録は一年間の総括的な学習の実現状況を示すことになります。

このことから、指導要録の評価・評定に際しては、各学期の通知表の評価結果と、通知表の評価に用いた「評価資料」を勘案して活用するようにします。子どもは絶えず変化し、進歩する存在ですから、「評価資料」を単純に平均して評価・評定することには考慮が必要であり、評価・評定の時期になるべく近い時点での学習の実現状況で判断することが重要です。

5 やる気を引き出す通知表の「所見」

(1)「これがお母さんの通知表」

通知表の「所見」は、観点、内容、文章表現から、担任のその子どもへの愛情の様子がうかがわれるものです。

通知表の所見の書き方で一番大事にしたいことは、その子がやがて大人になった時、我が子に対して「これがお母さん（お父さん）の通知表だよ」と自分の通知表を見せられるように書くことだと思います。

この子が大きくなった時、自分の子どもにどのように言いながらこの通知表を見せるだろうかと想像しながら所見を書くようにすると、子どもにすがすがしく受け止められ、心にとどまり、励みになることでしょう。

(2) よい点、努力したことを中心に

ほめられてうれしいな。
これからもがんばるぞ
間違ってしまったけど、
工夫したところも
あるのに

所見の役割は、子どもの学校における学習や生活の状況を総合的に見て、励みになるようにコメントすることにあります。

子どものよい点、粘り強く努力してやりとげたこと、失敗したけれどもとても素晴らしい発想をしたこと、進歩したこと、友達（困っている人、地域、世界など）のために実践したこと、思いやりのある行動がとれたことなどを具体的に書きこみ、認めるようにしたいものです。

肯定的に評価され、認められ、ほめられると、子どもは好ましい方向を直観でき、前向きに、元気に、明るくなり、よりよく生きようと意欲的・主体的になるからです。

(3) 注文は期待をこめて

しかし、どうしても、子どもに対して注文をつける必要のあることも少なくありません。このような時は、次のような二とおりの選択肢があります。

●通知表の所見は、子ども（保護者）に対して影響力が大きいので、注文をつけるようなことはあえて記入しないで口頭で伝えるようにする。

●「算数の文章題を粘り強く考えるようになりました。この調子で二学期もがんばると、もっともっとよくなります」と、期待をこめて注文をつけるようにする。

前者は、内容自体が記入しにくいものや、注文をつけるものの進歩が期待できない場合にとられる方法です。直接子ども（保護者）に伝えれば、一時的に苦い思いをさせることはあっても、それがいつまでも子どもを苦しめるようになることはないと思います。また後者は、例えば「算数の文章題があまりよくできません。二学期はがんばりましょう」としたのでは、子どもの苦手意識に輪をかけていますし、「がんばれって言われても苦手なんだから仕方がないよ」と反発され、「先生も応援するからがんばろうね」という担任の思いが伝わらないのです。

このような所見の書き方のコツが分かると、いろいろなところに応用できるようになります。

(4) 普段の授業と生活指導の充実が前提

ここで十分に認識してもらいたいことがあります。それは、通知表の評価・評定、所見の書き方を工夫することには限界があるということです。子どもを大きく変容させるのは、通知表より、やはり普段の授業の方がはるかに大きいということです。

したがって、通知表の評価・評定や所見を工夫する前提として、次のことを実現することが求められています。これらのことが徹底すれば子どもがよりよく進歩しますから、通知表の評価・評定や所見がとても書きやすくなります。

- 授業を徹底的によくする。
- 生活指導を徹底し、きまりを守るとか、思いやりの心を育てるようにする。

6 「情報開示」に耐えられる指導要録

(1) なぜ開示請求をするのか

子どもや保護者が指導要録の開示請求をする理由としては、次のようなことが多いようです。

●自分（自分の子ども）がどのように評価・評定されているか知りたい。
●自分（自分の子ども）が正当に評価・評定されているか知りたい。
●気がかりなことがあって、自分（自分の子ども）がどのように評価・評定されているか知りたい。特に、所見の内容が知りたい。

このように指導要録の開示請求の背景には、学校（教師）の評価・評定に対するある種の不信感があるように思われます。このようなことに教師が一人で対応することには無理がありますから、校長や教頭に相談して、学校として教育委員会の方針にそって進めることが大切です。

(2) 根拠のある評価・評定を

通知表の評価の根拠としての評価資料（補助簿）や指導要録の開示が請求される時の背景には、学校（教師）と子ども（保護者）との間に信頼関係が築かれていないことが多いようです。そこで、次のことを徹底することが必要になります。

●どのような評価基準で、どのような評価資料により、どのような手続きで評価するかを事前に説明しておく。

●評価基準と評価資料にもとづき、手続きを正確にふんで、根拠のある評価・評定を実施する。

●平素から子ども（保護者）に対して評価情報を知らせ、学校（教師）との信頼関係を築くように努力する。

(3) 所見は指導上、必要最小限に

指導要録の「総合所見及び指導上参考となる諸事項」の欄には、次のようなことを記入することになっています。

①各教科や総合的な学習の時間の学習に関する所見
②特別活動に関する事実や所見
③行動に関する所見
④進路指導に関する所見（中学校のみ）
⑤児童生徒の特徴・特技、学校内外における奉仕活動、表彰を受けた行為や活動、知能・学力等について標準化された検査の結果など指導上参考となる諸事項
⑥児童生徒の成長の状況にかかわる総合的な所見

ただし、これらのすべてをこと細かく記入する必要はありません。学校として取り決められた記入の方針にしたがって、教師の主観や印象にとらわれることなく、客観的な事実を、次の学年以降の指導に必要だと思われる事柄に限って、簡潔に記録することが大切です（児島邦宏他編『小学校　新指導要録の解説と記入の実際』教育出版、二〇〇一年　が参考になります）。

(4) 教育的愛情に裏打ちされているか

わたし、とてもよく教えてくれるので山田先生大好き
そうね。美奈ちゃんのことほめてくれるし、なおすところも教えてくれるものね。お母さんも信頼しているわ。

指導要録の開示によって、子どもや代理の保護者と学校（教師）との間でトラブルの起きることがあります。その原因を推測すると次のような場合のようです。

●事実と異なっていることが記入されている。
●子どものことでなく、保護者のことなど必要のないことが記入されている。
●担任の主観や憶測で記入されている。
●担任の子どもに対する一方的な（悪意が感じられるような）記述のされ方である。

つまり、所見の記入が、担任がその子どもの現在と将来に対してどれだけ教育的愛情をもって行われていたかにかかわっているからです。

6章

「情報」を使いこなす

〈情報活用〉の工夫と留意点

1

授業に役立つ情報の収集・処理の工夫

運動会の記録は
資料室で
○○市の産業に
ついては市の
ホームページを
町の昔のことは
林さんに

(1) どこにどんな情報があるか知っておく

植物の名前を調べようとする時、最初のページから図鑑をめくっていたのでは、なかなか見つけることができません。しかし、「この植物は茎がつるのようになっていて葉がアサガオの形に似ているからヒルガオ科の植物ではないか」とか「花びらが四枚で十字のようになっているからアブラナ科ではないか」という見通しが立てば、目指す植物の名前はすぐに見つかります。情報を集める場合もこれと同じで、この情報はこのようなところを探せば見つかるのではないかという手がかりや見通しがもてれば、ほしい情報を短時間で探し出すことができます。それには、どの種類の情報がどこにあるかを、前もって知っておくことが必要です。例えば、全国の小学校の数は文部科学省の学校基本調査、次の月食がいつ起こるかは理科年表を見ればよいのです。

(2) 最近の出来事は新聞や雑誌で分かる

最近起こった事件や新発見などのニュースは、新聞を見ると詳しく出ています。その出来事がいつごろあったのかを覚えていると、すぐに探し出すことができます。また新聞には、半年とか一年分をまとめた「縮刷版」というものがつくられています。縮刷版は公立の図書館などには大抵備えつけられていますが、これを活用すると、過去の出来事を簡単に見つけることができます。また本で調べるというのは一般的な方法ですが、雑誌を活用する方法もあります。現在、教師や子ども向けにいろいろな雑誌がつくられています。雑誌は新聞よりも記事の対象が絞られていますから、その分、記事の内容が濃くなり、統計資料なども本に出ているものより新しく、資料性の高いものが見つかります。

(3) パンフレットも役に立つ

いろいろな施設や行政機関に見学に行くと、たくさんパンフレットをくれます。また会社や商店も宣伝のためのパンフレットをつくっています。こういったものには内容がしっかりしていて分かりやすいものが多いので、意外と授業で役に立ちます。

(4) テレビやインターネット情報の利用には注意が必要

テレビの情報は、直接子どもの感性にふれるようなものが多いので、とても役に立ちます。教育番組など直接役に立つものもありますが、ドキュメンタリー番組のなかにも役に立つものがかなりあります。一週間分の番組を紹介したテレビ雑誌などを参考にして、授業に役立ちそうな番組をビデオに録画しておくようにしましょう。ただし、録画したものを使用する際には、著作権に注意しなければなりません。これについてはこの章の「著作権」の項（一三〇ページ）を参照してください。

最近はインターネットの普及によって、「検索エンジン」を使って、ほしい情報をすぐに探し

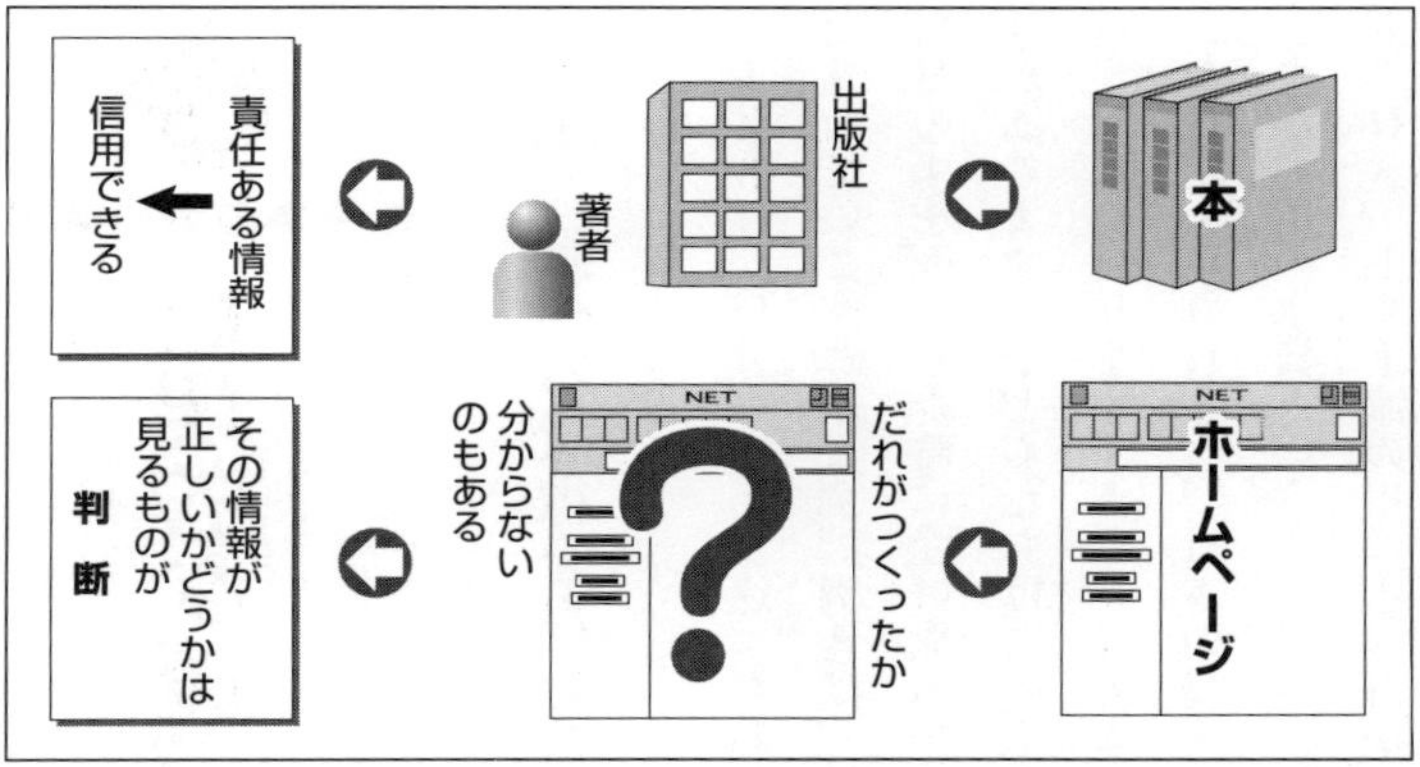
本
出版社
著者
責任ある情報
信用できる
NET
ホームページ
だれがつくったか
NET
分からないのもある
その情報が正しいかどうかは見るものが
判断

出すことができるようになりました。しかし、インターネットの情報については、気をつけなければならない点があります。インターネットはだれでも情報をホームページとして発信することができますが、その情報が信用できるものかどうかについて、だれもチェックしていないということです。公的な機関など、信用できるところが作成したもの以外は、十分注意してください。

(5) 少ない量で処理できる方法を工夫する

収集した資料は、メモしたりコピーしたりして保存するのが一般的ですが、すべてそのようなことをしていたのでは、資料がだんだん増えて、最後には膨大なものになってしまいます。情報源が身近にあり、すぐに参照できるのであれば、どこに出ているかをメモしておくだけですぐに目指す情報にたどりつくことができます。

2 効果的な資料や情報のつくり方・発信の仕方

(1) 調べる意欲を高める資料や情報をつくる

子どもは、自分の考えと違った結果や思いがけない数字を示された時、意欲的に考えたり調べたりしていこうとします。例えば、日本の政府が農家から買い入れる米の価格と、タイの農家が自分の米を販売した時に受け取る平均的な米の価格の間には、二〇〇一年度では一〇倍以上の開きがあります。子どもたちはこの数字を示されると、麦や大豆など、他の作物の値段にも関心を示すようになります。また、このような価格差があるのに日本で農業に従事する人口が減少している数字を示されると、日本の農業について、もっと詳しく調べていこうとします。

また、川の水質ということでいえば、東京の善福寺川では、水源に近い川の水より、そこから五キロメートル下流の川の水の方が、はるかにきれいだという結果が出ます。つまり、ほかの川

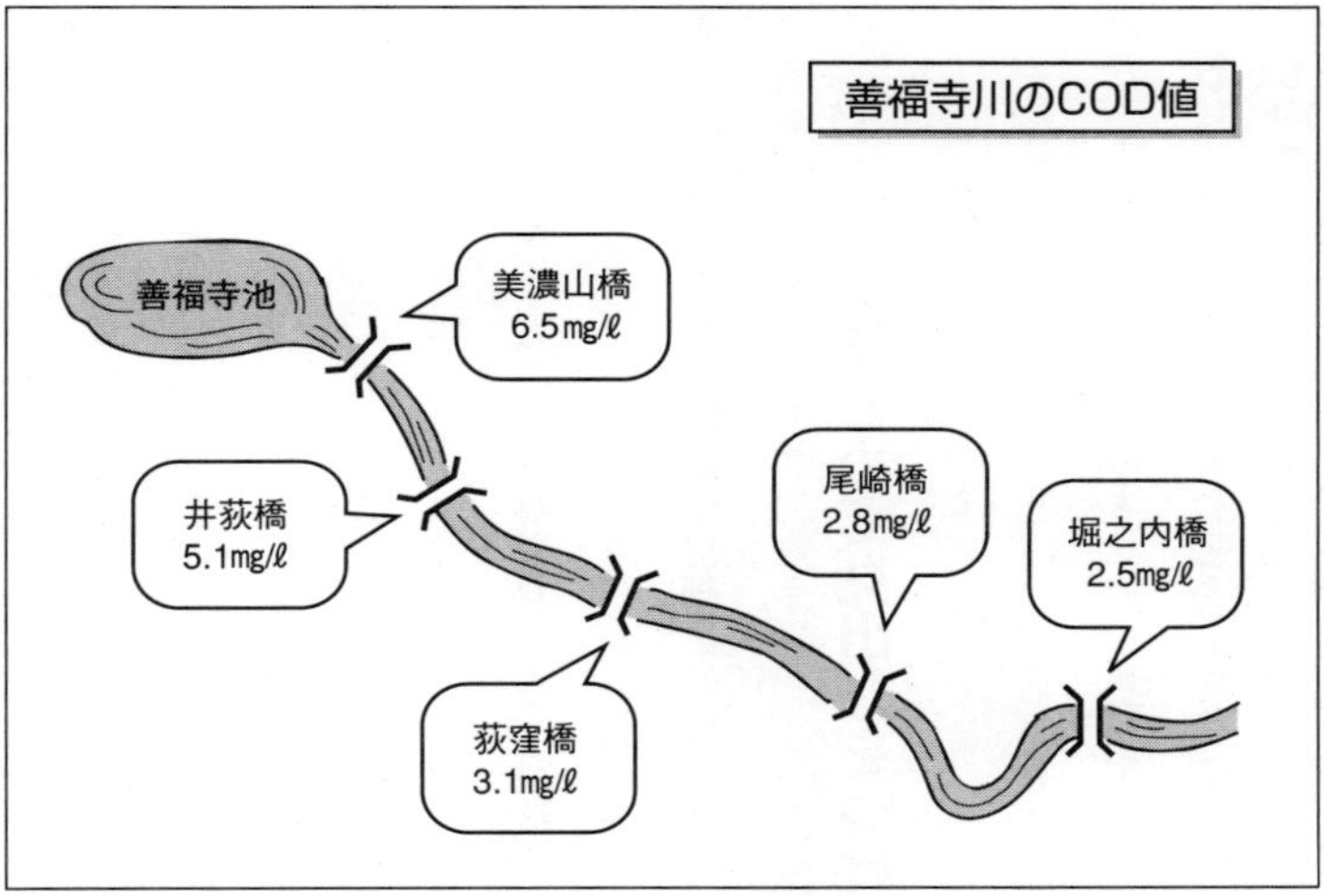
善福寺川のCOD値
善福寺池
美濃山橋
6.5mg/ℓ
井荻橋
5.1mg/ℓ
荻窪橋
3.1mg/ℓ
尾崎橋
2.8mg/ℓ
堀之内橋
2.5mg/ℓ

とは反対の結果が出るのです。これは、水源になっている池にカモが多数棲息していることと、この川の流域は下水が完備していて川に汚水が流れこまないことに主な原因がありますが、この数字を資料として示された子どもたちは、意欲的にその原因を探っていこうとします。

(2) 考えたり調べたりできる余地のある資料や情報をつくる

教科や学習の内容によっても違いはありますが、その単元の学習内容を完璧にまとめた資料を用意しておいて読ませるようにすると、効率的な学習であるような感じがします。しかし、その時はよく分かったようなつもりになっていても、苦労して獲得したものではない知識は定着率が悪く、長い目で見ると、学習効果とその活用の面で、問題が残ります。これに対して、自分で調べ、考えて結論まで到達した知識は、確実にその子どもの力となります。したがって、教師がつくる資料は完璧なものより、むしろ考えたり調べたりできる余地のある、不完全なものの方が、教育的価値が高いといえます。

図や写真、表、グラフなどの資料にはあまり説明を加えず、読み物資料なども、学習意欲を高めたり、新たな問題を見つけることができるようなものを用意します。

例えば道徳などの読み物資料でも、最後まで読ませたあとに、主人公がなぜそのような行動をとったのかを考えさせるより、読み物の後半を伏せておいて、主人公はどのような行動をとるかを予想させた方が、はるかに効果的です。

(3) 短くまとめて見出しをつけて発信する

「見開きで勝負しろ」という言葉があります。どんなにすばらしい資料や情報でも、何枚にもわたるようなものは、あまりいい資料や情報とはいえません。全部大切だと思っていたものでも、一枚にまとめようという目標を立てて削っていくと、思っていたより簡単にまとめることができるものです。

●情報は見出しが大切
●電車の中吊り広告
見出しを見れば
およその内容が
分かる資料
●新聞

ビデオなどの映像は、普通五〜一〇分、長くても、一五分以内におさめることが必要だといわれています。前後の話し合いやまとめの時間を考えると、四五分の授業のなかでは、一つのテーマではこれくらいが限度といえます。テレビの学校放送の一番組は一五分ですから、まとめる際の目安にするとよいと思います。

また、新聞や週刊誌などは、記事の見出しをとても大切にしています。見出しを見ればおよその内容が分かるようにしているのです。学校で作成する資料や情報の場合もこれと同じことがいえます。分かりやすい見出しをつければ、新しく発信する情報がおよそどのようなものかを相手に知らせることができますし、あとではしい情報を見つけ出そうとする時、すぐに探し出すことができます。

3 Eメール、ホームページ発信のポイント

曇り
神戸
晴れ
東京
晴れ
静岡
雨
福岡
曇り
名古屋

(1) たくさんの相手と情報を交換し合う

Eメールは、郵送するのに比べ、手軽に文が作成でき、はるかに経済的で、しかも迅速に相手に届くという利点をもっています。またメーリングリストを使うと、あらかじめ登録してあった相手すべてに同じEメールを送ることができるので、交流する学校が何校もある場合などにはとても便利です。従来はファックスがよく使われていましたが、遠隔地の場合は電話代もかかり、送る相手が多い場合は時間もかかるので、手

軽さと経済性という面ではEメールの方がはるかにすぐれています。例えば、刻々と変わる天気の状況などを福岡と神戸、名古屋、静岡、東京などの学校がEメールで連絡し合うと、西から東に天気が変わっていく様子を時間の経過とともにつかむことができます。

(2) Eメールは、容量を軽くする

Eメールでは、本文とは別に添付ファイルというものを送ることができます。添付ファイルは、相手方に同じソフトがあればそのファイルを開いてすぐに利用することができるので、図や写真などを送る場合、とても便利です。ただし、Eメールを送る側か受け取る側のどちらか片方が、情報をやりとりする速度のあまり速くないインターネットを利用している場合、あまり容量の大きなファイルは送るのに時間がかかりすぎ、相手方に迷惑をかけることになります。やむを得ない場合は別ですが、普段やりとりするEメールの内容は、できるだけ簡単なものにしたほうがよいでしょう。

最近デジタルカメラの性能が向上し、きれいな写真が撮影できるようになりましたが、そのままでは、Eメールで送るのに時間がかかりすぎます。あらかじめ画素数の設定を少なくして撮影するか、写真を送る前に写真の質を落として、送りやすくする必要があります。

(3) Eメール発信上の留意点

学校間の交流では、子どもがEメールを作成して送信する場合が多く見られます。この場合、不適切な表現や意味不明のEメールが送信されないよう、事前に教師の側でチェックすることが必要です。また、お互いの名前や好きなもの、自分の学校の様子などを紹介し合うところまではよかったのだが、あとが続かなくなってしまったという話を聞くことがあります。何のために、どのような情報を交換し合うのかがはっきりしていないと、このような失敗が生まれます。

(4) ホームページは見せる相手を意識し、できるだけ簡単にする

学校や学級から発信するホームページは、ホームページを見てくれる人に自分の学級や学校の様子を知ってもらうために作成する場合が多いと思います。もちろん、保護者や卒業生など、知らせる対象を限定して作成する場合もあるでしょう。いずれにしても、作成する側は、それを見る側の立場に立ち、どのような情報がふさわしいかを考えながら作成することが大切です。単に詳しければいいというものではありません。いくらきれいな写真が多くても、ページの容量が大

わるいホームページ
なかなか画面が
あらわれない
次は見てもらえない
よいホームページ
すぐに画面が
あらわれる
また見てくれる

きすぎてなかなか開いてくれないようなページは、見る側にとって苦痛です。また、全部見るのに多くの時間がかかるようだと、次からは見てくれなくなってしまいます。いかに簡単に自分の伝えたいことをホームページに表現するかがポイントとなります。

(5)　ホームページは更新が大切

他人がつくったホームページを自分のコンピュータに取り込むのはかまいせんが、それを自分のホームページに入れて発信することは許されません。また、ホームページで一番よくないのは、つくったあと更新しないことです。自分にノルマを課して、最低でも一か月に一回は、部分改訂する努力が要求されます。

4

知っておきたい「著作権」「プライバシー」の保護

(1) 著作権とはどのようなものか

著作権とは、絵画や写真、小説などを発表した人が、自分の発表したものに対してもつ権利のことで、著作権法という法律によって具体的なことが決められています。この権利は、その人の死後五〇年(発表者が会社名などになっていて、発表した人がだれだかわからない場合は発表後五〇年)とされていて、その間は他人が勝手にコピーして売るなどのことが禁止されています。ただし、個人的に、または家庭内その他これに準ずる限られた範囲内で使用することを目的とするときは、コピーすることが許されています。また教育を担任するものは、その授業の過程における使用に供することを目的とする場合には、必要と認められる限度においてコピーすることができます。しかし、著作権者の利益を不当に害することになる場合は、この限りではありません。

(2) 著作権について、どのような注意が必要か

学校で一番問題となるのは、学校にもちこまれる見本のドリルやワークテストなどの扱いです。これらのものは、子どもたちが購入してくれることを期待して発行されているものですから、コピーされて使われてしまったら、利益を不当に害されたことになります。なかには数社のものを切り貼りして、新しく編集しなおせばよいのではないかと考えている人がいますが、たとえ一部であっても許されるものではありません。また、手書きで写したりワープロなどで打ち直せば著作権の侵害にはならないと考えている人もいますが、著作権というのはその著作物の内容に生じるものですから、やはりこれも許されません。

テレビ番組の録画は、自分の授業に使う場合には問題ありません。しかし、録画したものを他人にコピーさせることは、著作権法上問題となります。職場内で、録画の技術がない教員に頼まれ、学校放送などを録画してあげる程度のことは許されますが、たとえ実費であっても、テープ代をもらい、頼まれたものを録画して渡すという行為は、明らかに違反です。最近コンピュータソフトのコピーが問題となっていますが、普通、一本のソフトは一台のコンピュータにしか使えないことになっているので、コピーすることは著作権の侵害となります。

(3) プライバシーに配慮する

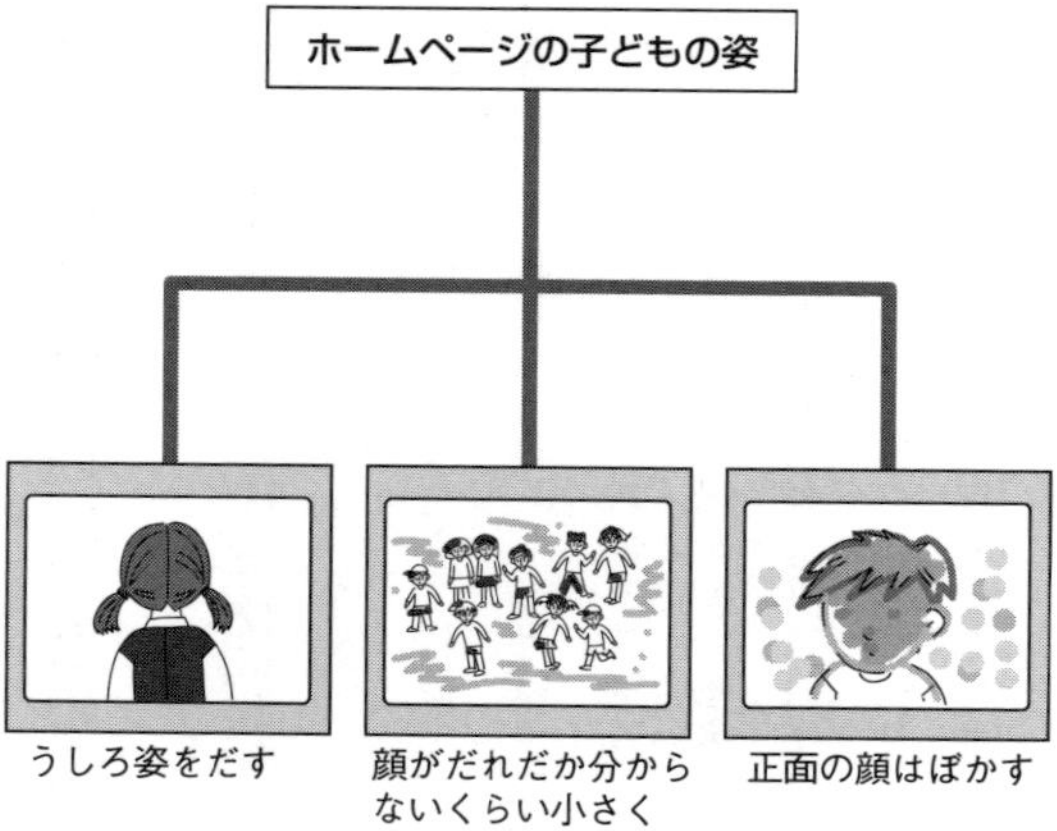
ホームページの子どもの姿
うしろ姿をだす
顔がだれだか分からないくらい小さく
正面の顔はぼかす

プライバシーの権利というのは、人がその私生活や私事を本人の承諾なしに他人の目にさらされない権利をいいます。学校で問題となるのは、主として児童個人票や健康診断票、指導要録などから分かる個人情報ですが、教員はそれらのものから分かる情報を、他人にもらすことを禁じられています。また、指導上知った子どもの個人情報を第三者にもらすことも許されません。最近ではインターネットの普及によって、学校ホームページに、はっきり本人が特定できるような写真や個人名、子どもの住所や電話番号などを載せないという配慮が要求されるようになりました。

7章

「危機」を乗り越える

〈トラブル〉への対応

1 すべてに優先する「子どものけが・急病」

(1) いつでも起こるという前提で、予防とそのあとの対応に万全を

子どもにとって学校は、家庭と同様に最も安全なところでなければなりません。そのため、学校は、校長を中心として総力をあげて、事故やけが、病気などの予防に取り組んでいますが、それでも、なかなかなくなりません。したがって、事故やけがの予防に努めることはもちろんですが、事故やけがが起きてからの対応についても万全を期していくことが求められています。

事故やけがのあとの対応の仕方によっては、大きなトラブルに発展して学校への信頼が崩れ去ることがあります。学校の対応マニュアルに必ず目を通しておき、事故後の対応を熟知しておかなければなりません。

(2) すばやい手当て、保護者への連絡

事故やけがが起きた時、その手当てや処置をすばやく行うことが大切です。校長、教頭に報告し、養護教諭にみてもらいます。手当てが遅れるとけがや病気が悪化することもあるので、しろうと判断は禁物です。熱や腹痛の場合でも、病気の早期発見につながることがあるので、常に子どもの健康観察を確実に行い、慎重に対処します。

また、保護者にもすぐに連絡をするようにします。連絡、報告が遅れると、トラブルのもとにもなります。大きなけがや病気の場合はもちろん、体の不調を訴えて保健室で休んでいたような場合でも、電話で学校での容態を知らせ、快復に向けて家庭の協力をお願いしておくことが大事です。

(3) 事実を隠さないで誠意のある対応を

事故やけがの程度にもよりますが、校長、教頭に報告することが原則です。事故やけががどういう状況で起きたのか、その時、担任はどこにいて何をしていたのかなど、それらの事実を正確に報告します。そして、校長の指示にもとづいて、保護者にも状況を説明することになります。その時、事実を隠したり、事実と異なる報告をすると、あとで問題になります。子どもを直接指導していた担任やそれを指導監督する校長の責任が厳しく問われる場合もあります。

保護者には正確に報告し、謝罪することが大切です。うその報告では、保護者から疑問や不信感をもたれ、さらに大きな問題に発展することがあります。担任としての指導の行き届かなかった部分については率直に、誠実に謝罪することです。言い訳がましく責任を回避するような態度では、信頼を失い、小さなけがでも問題をこじらせてしまいます。

(4) 「首から上のけが」は特に要注意

鉄棒などからの落下による頭部打撲、目のけが、歯の損傷、頸椎の損傷など、「首から上のけが」については、身体の重要な部分なので、とりわけ細心の対応が必要です。特に頭部打撲の場合は、安静にして医師の判断、指示をあおぐ必要があります。場合によっては、そのまま安静にし、すぐ救急車を呼ぶことも必要です。もちろん、保護者にはすぐに連絡しなければなりません。この時も、しろうと判断はやめ、養護教諭にみてもらい、校長の指示にしたがって対応します。

(5) 学級の危機管理の整備

毎週末の職員朝会で、その週に起きた事故、けがについて、いつ、どこで、何が原因で事故が起きたのか、そしてどのように対応したかなどを報告し合い、情報を共有し、改善に役立てている学校があります。また、学校での重大な事故については、年度はじめに全保護者に学校の対応マニュアルを配り、学校の対応について理解を求めている学校もあります。こうした学校としての体制を頭に入れて、学級の危機管理能力を日ごろから高めておくことが大切です。

学級の一人一人の子どもの特性に十分配慮し、「自分の命や安全は自分でも守る」という健康管理や安全について繰り返し指導するとともに、子どもたちに事故やけがが起きた時の担任への連絡、行動の仕方についても十分に分からせておくことが大切です。

2 けんか・いじめ・悪口・うわさは「事実」にもとづいて

(1) 事実かどうかの確認

子どものけんかやいじめ、悪口には、互いの言い分があります。また、うわさには、たどっていけばその発信元があります。これらに適切に対応していくためには、慎重な態度でのぞみ、いつ起きたか、発端は何か、関係する子どもはだれとだれか、現在何が問題になっているのかなど、まず、事実をしっかり把握する必要があります。低学年の子どもの場合、時間の経過や記憶が定かではないこともあるので、教師が話を整理するなどの配慮が必要です。事実を確かめないと、そのあとの対応を誤り、子どもや保護者の不満、担任への不信のもととなり、大きなトラブルに発展することもあるので注意が必要です。

(2) 事実にもとづいた指導

子どもから聞き取った事実は、記録に整理しておきます。事実にもとづいて子どもを指導する時に活用するだけでなく、あとで保護者に説明する時にも必要になるからです。

事実がはっきり捉えられたら、けんかについては仲直りをさせる、暴力があった場合はそれがいけないことをさとします。悪口やうわさについては、人権上からもいけないことであることをしっかり分からせることが大事です。ただ「やめなさい」ではなく、自分が被害者になった時のことや相手の立場を考えさせるなどして、十分に分からせることが大切です。

(3) けんかへの対応

子ども同士のけんかは、よく起こることです。子どもが「先生、けんかをしているので来てください」と訴えてきても、「またか」と放置しておいてはなりません。場合によっては単なる口げんかではすまない状況に発展し、殴り合いになるなど危険な場合があります。もちろん、教師としてはけんかはよくないことだと指導しているわけですが、そのうえでも起こったこととして、自分の指導力を反省しながら誠実に対応することが大切です。

まず、その場にかけつけて、けんかをやめさせなければなりません。次に、どうしてけんかになったのか、その理由を両者からしっかりと聞き取ります。その際、けんかをした子どもが興奮していることや、まわりの子どもたちが見ていることなどに配慮して、静かな場所で聞き取るようにします。明らかに一方に非がある場合は、はっきりとその非を認めるように指導をします。しっかり事情を確かめないで「けんかはどちらも悪い」と安易に両者を叱ってしまった場合、あとで問題が生じます。非を認めさせるにも、謝らせるにも、仲直りさせるにも、何より子どもを納得させることが大切です。子どもが納得していないと、例えば子どもが家に帰ってから保護者に不満を語ったことなどをきっかけに、再び問題がこじれてしまうこともあります。

(4) いじめは特に慎重に対応

保護者からのいじめの訴えには、慎重な対応が必要です。まずは、訴えの内容が本当かどうか、早急にそれを確認することを保護者に伝えます。保護者の話だけを信じて行動すると、問題解決が困難になることがあります。

次に、いじめにあっている本人から話を聞き、まわりの友達からも聞き取りをし、事実かどうか確認します。

そして、いじめが事実の場合には、校長に報告し、校長の指導のもとに対応していきます。いじめを即刻やめさせるよう子どもを指導したり、保護者に連絡して協力を求めるなど、早急に対応していくことになります。その際、被害者の子どもの心情を十分くみ取るとともに、いじめをした子どもやまわりの子どもたちへの指導もしっかり行うように配慮します。

3

立ち直りを目指す「万引き」「暴力」などへの指導

(1)「万引き」は最初の対応が肝心

万引きは、最近では小学校の低学年でも多くの事例が報告されています。低学年では計画的・確信的なものよりも、店に並んでいるものを衝動的にとってしまうというケースが見られます。高学年になるほど、友達と一緒にやったり、はじめから見つからないようにしたりと、犯意が明確に読み取れるものが多く見られます。被害が度重なる店の場合には、店から直接学校に対しても連絡があり、教師がかけつけることもあります。

万引きについては、たいていの場合、子どもはそれほど重大なことをしたという認識をもっていないことが問題です。時には保護者にもそういう態度が見られたりする場合があり、愕然とさせられることがあります。

保護者、場合によっては教師が、店の人に懸命に謝罪する姿を見せて、ことの重大さを心に焼きつかせ、人の物を盗むことは犯罪であること、言い訳のしようがない大変なことをやってしまったんだという認識をもたせることが大事です。大人がいいかげんな対応をしては、子どももあまり反省せず、再犯につながる可能性があります。

しかしまた、厳しく責めるだけでは本当の改心にはなりません、本人のことをだれより思っているからこそ話しているんだ、という姿勢が大切です。これが最初で最後だという意識をもって、事実に、そして子どもに正面から真剣に向き合うことが、何よりも大切なのです。

(2) 「暴力」に対する指導

子ども同士のけんかでは、一見たいした理由でないのに、殴る、蹴るなど暴力に発展することがしばしばです。どうしてそうなったか、あとで問いただしてみると、「先に○○君が殴ってきたから」などの言い訳になります。今の子どもは、パニックに陥った時に相手に対して度を越して暴力を振るい、これ以上やったらどうなるかという思慮に及ばないことが多いようです。暴力は暴力を生むこと、暴力によっては物事が解決しないことを、しっかり分からせることが必要です。

(3) 子どもの居場所をつくってあげること

万引きや暴力などの問題行動を起こす子どもには様々な背景がありますが、仲間意識に乏しく人とのかかわり方が下手だったり、自分の行動に自信がもてない様子や孤独感が見られることがあります。

また、時には、まわりに対しての不信感、自分の行動にも投げやりな態度が見られます。このような子どもに対して、紋切り型の説教や型どおりの対応では何も改善されません。自分が大切にされている、自分のことを本気で考え心配してくれている人がいるということに気づかせていくことが大事です。そして、授業のなかでその子なりのよさや存在感を発揮させ、学校生活のなかに具体的な居場所をつくってあげることが重要です。

4 保護者の苦情の裏にある真意

(1) 保護者からの様々な苦情

保護者から寄せられる苦情には、「うちの子がいじめられている」「同じクラスの子どもに乱暴されて困る」「隣の席の子どもがいたずらをして授業に集中できないと言っている」「宿題の出し方や処理の仕方がおかしい」など、実に様々です。各学校で授業公開が進んでからは、教育の内容や教え方についての苦情や意見も多くなりました。なかには自己中心的としか思えない内容のものもありますが、これらをそのまま放っておくとあとで大きな問題になることもあります。

どんな声にも耳を傾け、すばやく誠実に対応していくことが大切です。保護者をはじめ、外部からの情報を誠実に受け止める感性をもたなければなりません。

「子どものノートの文字が間違っていることが多いので、先生からも注意してほしい」と担任に言ってきた保護者がありました。担任は、「はい、分かりました、私からも注意しておきます」と答えたのですが、後日、その保護者が校長のところにも来て、「受け持ちの先生が板書を間違えて困る、指導力がない、担任を替えてほしい」と訴えたことがありました。

このように、保護者からの苦情のなかには、その背後に担任に対する不満や不信感がある場合も多いことを頭に入れておく必要があります。ですから、一見、何げないと思われる話のなかからも、保護者の真意を十分くみ取り、誠実に対応することが大切です。

訴えの内容が事実であり担任に非があれば認め、改善に向けて努力していく姿勢を具体的に示していく必要があります。また、保護者の訴えが一方的で事実と異なる場合には、きちんと説明し、理解を求めていくことが必要です。

いずれにしても、保護者の意見や苦情に謙虚に耳を傾け、自分の指導についてまじめに振り返り、反省すべきことは反省し、改善への姿勢をもち続けることが求められています。

(2) 保護者の真意

(3) 真意をはかるには真意で

保護者からの真意が十分に読み取れない場合は、何度でもこちらから保護者に話しかけて真意を聞くようにします。その際、もっとよい指導ができるように自分で努力していきたいと望んでいることなど、子どものことを真剣に考えていることを告げます。どの保護者も、我が子がかわいい、先生にもっとよく見てやってほしいと願っているのです。そうした保護者の心情に共感し、その子のよさを教師としてしっかりつかみ、さらに伸ばしていくよう努力するので協力してほしいと、こちらから告げていくことが大切です。そう言われてまだ口を閉ざしている保護者はまれです。真剣な態度で教師の真意を伝えることが大切です。

(4) 日ごろからのコミュニケーションを大切に

保護者からの苦情や要望が出てくる背景の一つに、学校の様子が保護者に十分伝わっていないことがあげられます。子どもを通して誤った情報が伝わり、担任としてはそんなつもりで言ったことでなくても、尾ひれがついて、保護者の不安や疑念を招くことがあります。ですから、重要な内容については、学級だよりや学年だよりなどで正確な内容を伝えておく必要があります。

また、日ごろから、連絡帳や電話、口頭で、学級の各保護者とコミュニケーションをよくとっておくことが大切です。保護者のなかには、相談する相手も少なく、一人で悩みを抱え、学校や教師の対応に神経質になっている方もいます。

担任が家庭へ連絡するのは子どもに問題行動が起こった時などが多いので、どうしても保護者は学校からの連絡には暗い印象をもちがちです。

このようなことに気づいて、子どもが学校でがんばったことやその子なりのよさなど明るい話題を、そのつど保護者に連絡帳で知らせている教師がいます。保護者からの苦情が少なくなり、担任に対して協力の声が増えたそうです。

5 保護者同士のトラブルの「行司役」

(1) 増える保護者同士のトラブル

最近、子ども同士のトラブルだけでなく、保護者同士のトラブルも多くなりました。

例えば、子ども同士のけんかに保護者が口を出して対立してしまうケース、いじめ問題に関係していじめた側、いじめられた側に分かれて対立を深めてしまうケース、なかには、子どものけんかが発端で、互いの子育てに関して誹謗中傷し合うというケースもあります。そして、怒りのもって行き場に困り、担任や校長に相談にくることがあります。大人同士ですから冷静に話し合えば解決がつきそうですが、感情的にこじれてしまい、解決が難しい場合も見られます。

保護者の話を聞いてみると、最初にまずどちらかが謝ればよいのにその機会を失ってしまい、ついには、「言葉で謝ったぐらいでは許せない、もうやらないという確実な保証を求めたい」と強硬な態度に訴えるものや、自分の子どもの非を認められず、相手の話をいっさい聞こうとしない態度を取り続けるなど、難しい局面が見られ対応に苦慮することもあります。

しかし、これらを放置しておくと、子ども同士の関係もぎくしゃくしたものになりますから、そのままにしておくわけにはいきません。ましてや、子ども同士のトラブルが学校生活に起因し、保護者同士の対立の原因になっている場合は、学校としても責任があり、真剣に対応しなければなりません。

(2) 調整役か共にわびるか

相撲の行司は、必ず軍配をどちらかの力士に上げなければなりません。しかし、子どもの問題行動から端を発した保護者同士のトラブルについては、ことはそう簡単にいきません。どちらが悪いのか、はっきりとしないことがあるからです。

加害者と被害者との関係がはっきりとしている場合は、加害者の方にそれを納得させ、了解してもらう必要があります。もちろん、学校で起こった事故などの場合は、学校としての責任、今後の対応を明確に両者に示したうえで説得にあたります。被害を受けた子どもやその保護者の心情をしっかり受けとめ、誠意をもって謝罪する必要を説きます。

一方、被害を受けた子どもの保護者には、事故などが発生した時の状況について詳しく説明し、その時の学校の対応についても説明します。もし、担任の指導、学校の体制などで不備があれば、その部分について非を認め、率直に謝らなければなりません。

このように、担任、学校はその責任を感じながら、どちらに非があるかをはっきりさせる行司役を行いながら、かつ当事者である子どもや保護者の調整役をも果たしていくことが大切になります。

時には、自分が問題のすべてを預かり、泥をかぶるという態度で、腹をくくって対応している校長がいることも、担任として頭に入れておいてほしいと思います。

(3) 調整にあたっての留意点

これまで述べてきたように、保護者のトラブルの対応には様々なケースがあります。どの場合にも留意しなければならないこととして、次のようなことが考えられます。

●担任が調整を進める場合、双方の言い分を十分に聞き、相手にその真意をしっかり伝えるように努力する。

●調整役・仲裁役のつもりが、結果としてどちらかに偏った態度でのぞみ、一方の味方をしていると受け取られると、調整が失敗する。そのため、客観的立場から公平な態度でのぞむことを心がける。

●問題の解決にあたっては、双方の子どもにとってその方向でよいのかどうか、教育的な見地で、子どもを中心に問題解決を図るようにする。

●子どもの学校生活に起因するトラブルの場合には、担任にも責任がある。学校としての責任ある姿勢を貫きつつ調整にあたらなければならない。

●保護者の言い分のなかには、時に法外なものもある。社会常識に訴え、学校としてできることと、できないことがあることを分かってもらうように努力する。

8章

「力量」の向上

〈研修〉と〈実務〉の基本と工夫

1 「学級経営案」の書き方と活用

(1) 学級経営案作成のねらいと主な内容

学級経営案は、学級担任が自らの受けもつ学級およびそこに所属する子どもたちの一年間の教育をどのように行うかを経営的視点に立って示すものです。その主な内容は次のとおりです。

①学級経営の目標　②学級経営の方針　③学習指導の重点と方針　④生活指導の重点と方針
⑤学級の実態　⑥配慮を要する児童の実態　⑦環境整備　⑧他学級・他学年・専科等との連携
⑨家庭との連携　⑩学級の事務処理

学級経営案は学校としての形式が決められていることが多く、それにしたがって作成します。しかし、担任としての考えや子どもたちの実態などから、公式に作成する案だけで済ませずに、中途の記録や評価なども随時記録できる学級経営案の作成を工夫していきたいものです。

(2) 学級経営案を書くための資料収集

教育目標	児童、学校及び地域社会の実態に立って、人権尊重の精神を培い、健全な社会人として、よりよい自分や社会をつくろうとする自己形成力をもち、生涯を通じて学び続けることのできる心豊かでたくましい児童を育てる。 ○実行する子ども　○思いやりのある子ども　○健康な子ども
学級目標	状況に応じて正しく判断し、自分なりの課題や目標をもち自主的・計画的にその実現に向けて取りむ。また、自分や友だちのよさを大切にし、共に高め合うとともに、心身を鍛える児童を育てる。 ○いつも笑顔で最高学年としてまとめ役になる　○笑顔と希望の　小を築いていこう ○仲間を思い、いいクラスをつくる
学級目標達成のための基本方針	・自らの課題や目標をもち、その解決や実現に向けて工夫や努力をしていこうとする態度を育てることができるような学習計画を立て、取り組んでいく。 ・友達や自分のよさを認め、お互いにそのよさをさらに高め合ったり、苦手なところを助け合ったりする活動を意図的に取り入れていく。 ・学校生活をよりよくするために自主的・計画的に行動できるよう、話し合いをもち、一人一人が自分の役割や責任をしっかりと果たせるよう指導助言をしていく。 ・健康について意識づけるような助言をし、体を鍛える活動を日常生活の中に取り入れていく。
学級の実態	男子１７名、女子１８名でバランスがとれ、男女の仲もよい。全体的な傾向としては男子がクラスを引っ張っていっている。男子は活発で陽気な子が多く、女子は控えめであるが、徐々に自己主張できるようになっている。最高学年としての意識を持ち、積極的に１年生のお世話をしている。また、委員会活動を通して学校全体にかかわる仕事に誇りを感じ、責任をもって活動に取り組んでいる。友達とも積極的にかかわり、お互いのよさを認めたり、よくないところについては改善していけるように声をかけたり、直接言えない場合は担任に言いに来るなどして、さらによりよい関係をつくろうとしている。しかし反面、自己中心的で、集団行動においては「自分一人だけならかまわないだろう」と自分の都合のいいように行動したり、友達と些細なことでけんかをすることもある。学習面では指示されたことにまじめに取り組み、しっかりと提出する子がほとんどであるが、やらずにすませようとする子が数名いる。自分の意見を発表したり自分なりの課題をもったりすることができるようになり、話し合いでは活発に発言できる子が増えてきている。発言できない子の中にも良い意見を書くことができる子が多い。

学級経営案例

学級経営案を書く際には、事前に例えば、次のような情報を集めます。

●学校・学年の教育目標
●学校長の学校経営方針
●学年経営案や専科経営案
●学校の教育課程の編成方針や指導の重点
●学校や学級の子どもの各種の調査
●校舎や校庭、学級の教室等の施設・設備の環境や実態
●保護者の学校や教師への要望

これらの状況を把握することで意図的、計画的、組織的、継続的、発展的な教育活動を展開する学級経営が可能となります。

(3) 学級経営案の書き方

①学級経営の目標……学校・学年の教育目標、教師の教育方針、子どもや保護者の思いや願いを受け止め、どのような学級づくりを目指すのか、具体的に数点示します。

②学級経営の方針……子どもたちの人間関係、学習指導、生活指導等々の指導にあたって、どのようなことを大切にしていくかを具体的に示します。

③学習指導の重点と方針……教育課程の編成方針における学習指導の重点と学級の子どもの実態を考慮して、学習指導で特にどのようなことを大切にして指導するかを示します。

④生活指導の重点と方針……教育課程の編成方針における生活指導の重点や生活指導の全体計画に即し、学級の子どもたちの実態を考慮して学級での指導の重点と方針を示します。

⑤学級の実態……児童指導要録、子どもたちの観察、保護者との面談、各種調査などから子どもたち一人一人のよさや可能性、課題などを把握して示します。また、学級発足時に見られた子どもたちの人間関係を示しておきます。

⑥配慮を要する児童の実態……学習指導や生活指導、人間関係の醸成、障害の状況などにおいて、特に配慮を必要としたり個別指導を必要としたりする子どもとその課題を示します。

⑦環境整備……学級経営の方針や学習指導・生活指導の重点や方針を具体化するために、教室内の学級コーナーや掲示の工夫、小動物や草花の飼育・栽培など、環境整備において特にどのようなことを配慮するかについて示します。

⑧他学級・他学年・専科等との連携……ティームティーチングや少人数授業、総合的な学習の時間などでの連携や専科教師との連携にあたり配慮することなどを示します。

⑨家庭との連携……子どもの教育を家庭と一体となって進めるために、保護者会、個人面談、家庭訪問、学校参観などの機会にどのように連携を図るかについて示します。

⑩学級の事務処理……学級経営を円滑に行うためには、子どもの作品の回収、点検・評価、返還などや、テストや通知表・指導要録などの成績処理、学級内の担任としての事務分担の処理、私費会計の処理など多彩な事務処理があり、これらの処理の方針を示します。

(4) 学級経営案の活用

学級経営案は学級経営の計画であるとともに、その記録と評価の拠り所にもなります。経営案の作成のあとには、週、月、学期ごとなどに計画にもとづき指導の記録を残すとともに、その評価を行い、成果や課題を明らかにします。それをもとに、次の週、月、学期の具体的な指導の方

1学期の成果と課題・・学習指導、生活指導、その他
学習指導・漢字学習を毎日(漢字文作りも含めて)行い、漢字5問テストに向けて学習を積んで来たために、これまで学習習慣の全くなかった子たちも習慣化できた。また、練習すればできるということが分かり、自信がついた。・宿題の継続的学習については、もっと家庭に協力を呼びかけなくてはと思った。・学習時間は着席すること、話を聞く態度、教室のルール等学習ルールがやっと身についた。・自分なりの考えをもって話を聞くことをしようとするようになった。・集中して取り組める時間が長くなるよう、工夫していきたい。 生活指導・自分たちで注意し合えるようになり、遊びと学びのけじめがつけられるようになってきた。・登校する児童を教室で迎えることで、学習ではない生活場面での子ども同士の人間関係がよく分かり、声かけをすることができた。・配慮を要する児童に常に共に過ごすようにしてきたので、何を思い考えているか分かるようになってきた。保護者とも密に連絡がとれた。しかし本人たちだけでなく周囲に危険がおよぶことも多かったので、より一層配慮していきたい。

	成果	課題
学習	・どの教科においても、基礎基本の定着を図る指導の結果が表れてきた。更に身に付けた力を活用する児童が出てきた。	・個別指導の必要な児童に対する場の設定不足。 ・課題意識の足りない児童に対する、支援方法。 ・学び合い、高め合う意識を育てること。
生活	・高学年としての基本的な生活習慣が、身に付いてきた。	・継続指導をしても定着しない児童に対する支援。 ・自主的な活動、行動を促す支援。
人との関わり	・学級内の一人ひとりの個性を認めようと言う意識は育っている。	・学校生活すべての場面で意識することができない為、継続指導が必要。 ・高学年としての下学年に対する意識が育っていないため、場を設けて経験させていく。

1学期の評価・反省例

針や手立てを見直し、実際の指導をよりよい方向に向けて実施します。以下は、そのための学級経営案の活用の仕方の例です。

●校長などの管理職に見てもらい、実際の学級の観察なども含めて助言や指導を受ける。

●学年内で経営案を報告し合ったり、経営案をもとに経営状況を話し合ったりして、互いの理解を深め、連携のある経営を進める。

●保護者にも学級経営案をもとに経営方針を具体的に分かりやすく伝え、意見や要望を出してもらい、それを今後の児童理解や学級経営にさらに生かしていくようにする。

●学期や月ごとの節目に、学級としての成長の様子を振り返る資料として子どもの成長・発達を把握するとともに、教師の指導力の課題を明らかにする。

2 「週案」の活用

(1) 週案はなぜ必要か

週案は、教育課程の実施計画と実施の記録を主とする表簿です。また、学級経営案の実施の具体的な計画とその記録簿の役目も果たしています。

日々の教育活動や授業は、教育課程・年間指導計画などにもとづき、意図的、計画的、組織的、継続的、発展的に実施するものです。「その日暮らし」的や「通り一遍」的なものになってはいけません。したがって、教育課程の実施にあたっては、日々計画を立て、その実施の記録を残し、評価し、改善していくものなのです。その記録の一つが週案です。また、教育課程の実施状況は、保護者に対して説明する必要の生じることもあります。週案は、その根拠ともなる大切な記録簿です。これらを意識して記録し、教育課程を自己管理できる教師でありたいものです。

週案簿の記入・提出について

週案は，各教科等の教育活動を○○○○小学校の教育課程に基づき，各学級の実態を考慮して計画し，効果的に指導を行うためのものでありかつその指導結果を記録し，教育活動及び教育課程の評価・改善に役立てるものである。

○週案は，学期や月の指導方針や計画，見通しのもとに，1週間の授業計画として記入する。

○それぞれの時間の枠には，「教科名」「学習目標または学習内容や学習活動」を記入する。
なお，火・水・木曜日の朝のぐんぐんタイム（基礎学習の時間）については，上段の「行事・連絡」の欄に記入する。

○右下にある授業時数累計も記入する。（年間指導計画を参照）
なお，授業時数累計の欄に実施した時数を記入する際には，
実時数（実際に予定した教科等を指導した時数）を記入するようにする。
モジュール単位で記入

例）予定‥国語を45分行う→時数3
実施…国語を指導したのは30分→実時数2

週案の記入・提出の校内規定例

(2) 指導のねらいや計画を書く

週案は、その一週間の学級経営、学習指導、生活指導などをどのように行うかのねらいや計画、日々の各一単位時間の授業計画などを書きます。それらについて、どの欄にどのように書くかをあらかじめ決めておきます。

●ねらいは、その週に必ず身につけさせるものを絞って、簡潔に表記する。

●指導の手立てや指導の計画は、ねらいの実現のために行う学習活動や指導・助言などについて、的を絞って表現する。

●一単位時間の枠に記入できることには限りがある。簡潔明瞭に書き、実際の指導の時に要点を絞った指導ができるようにする。

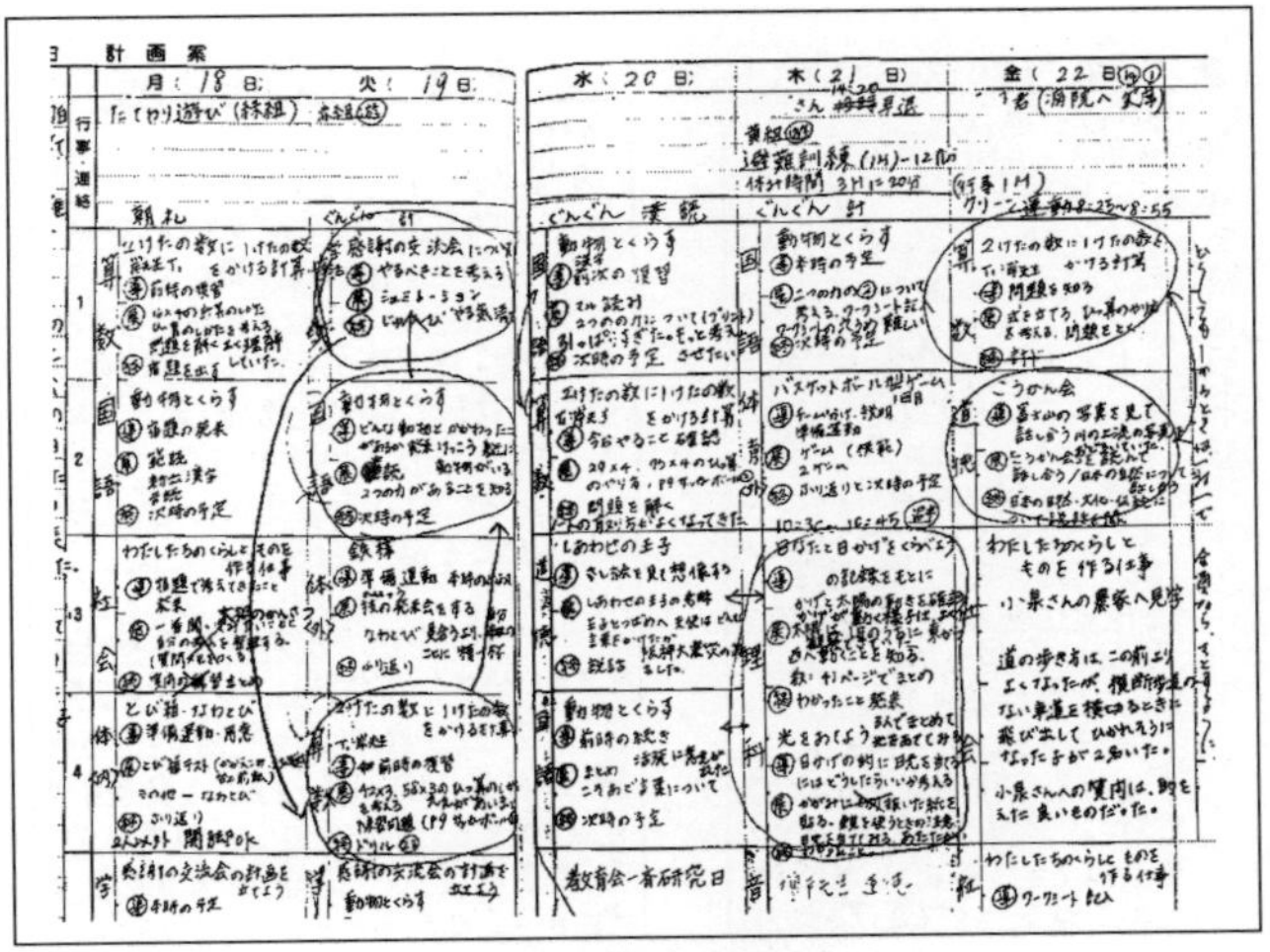

指導の記録と評価

(3) 指導の記録・評価を書く

週の計画に従って授業を行い、指導したことについて記録を残します。週案のスペースには限りがあります。指導や評価の記録について、対象を絞ったり、記号を活用したりして簡潔に記載することを工夫しましょう。例えば、本時の指導の評価について、「◎十分にねらいを実現している」「○おおむねねらいを実現している」「△再指導を必要とする」として記録します。○や△の状況になったら、それらにどう対応するか、すぐに手立てを講じるようにします。

こうして、週末には週のまとめをし、次の週につなげる計画を立てるようにします。

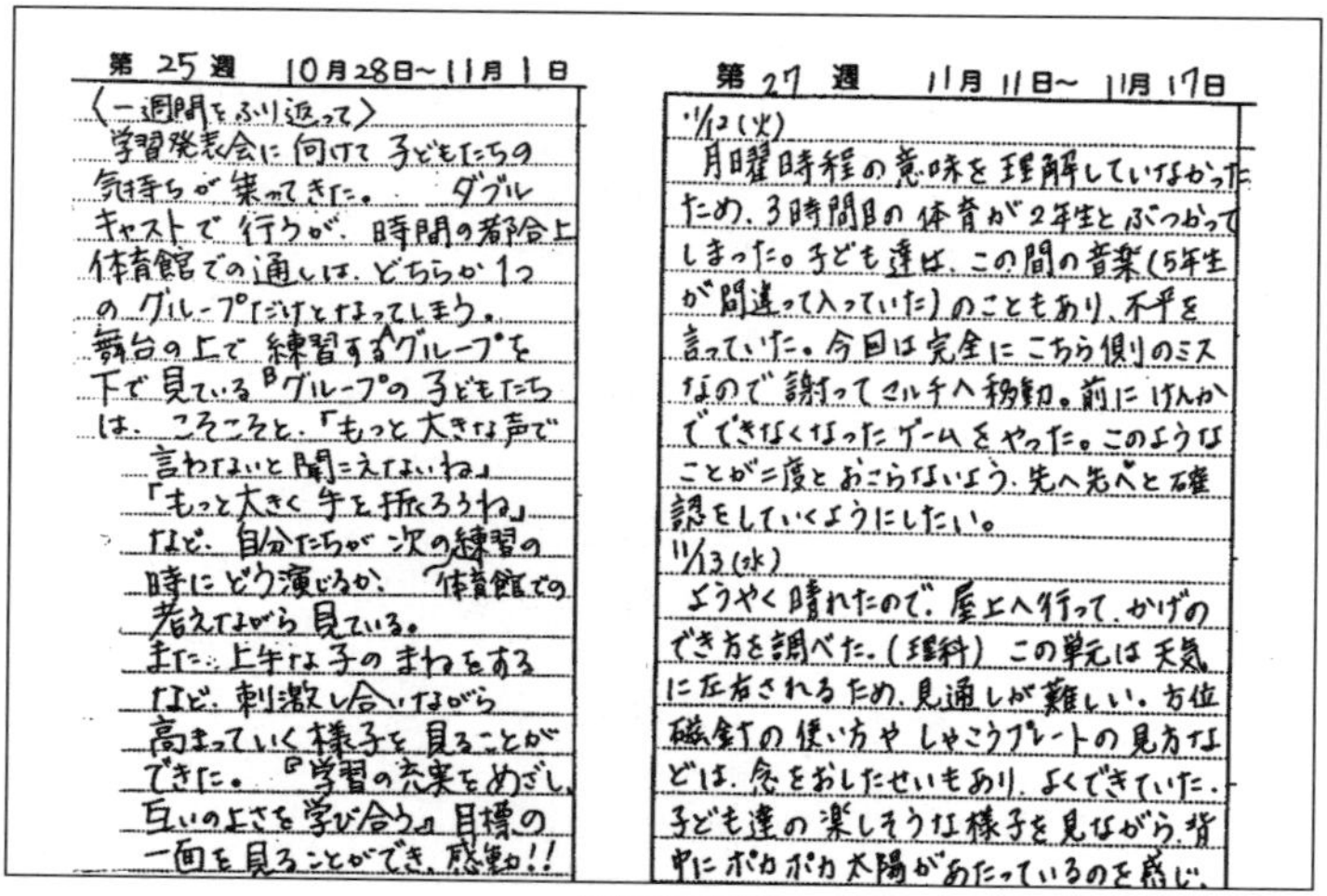
第25週　10月28日～11月1日

〈一週間をふり返って〉
学習発表会に向けて子どもたちの気持ちが集ってきた。ダブルキャストで行うが、時間の都合上体育館での通しは、どちらか1つのグループだけとなってしまう。舞台の上で練習するAグループを下で見ているBグループの子どもたちは、こそこそと、「もっと大きな声で言わないと聞こえないね。」「もっと大きく手を振ろうね」など、自分たちが次の体育館での練習の時にどう演じるか、考えながら見ている。また、上手な子のまねをするなど、刺激し合いながら高まっていく様子を見ることができた。『学習の充実をめざし、互いのよさを学び合う』目標の一面を見ることができ、感動!!

第27週　11月11日～11月17日

11/12（火）
月曜時程の意味を理解していなかったため、3時間目の体育が2年生とぶつかってしまった。子ども達は、この間の音楽（5年生が間違って入っていた）のこともあり、不平を言っていた。今回は完全にこちら側のミスなので謝ってセルチへ移動。前にけんかでできなくなったゲームをやった。このようなことが二度とおこらないよう、先へ先へと確認をしていくようにしたい。

11/13（水）
ようやく晴れたので、屋上へ行って、かげのでき方を調べた。（理科）この単元は天気に左右されるため、見通しが難しい。方位磁針の使い方やしゃこうプレートの見方などは、念をおしたせいもあり、よくできていた。子ども達の楽しそうな様子を見ながら、背中にポカポカ太陽があたっているのを感じ、

一日や週の反省

(4)「ホウ・レン・ソウ」を記録する

週案には、学級のできごとの様々なことも記録します。学年や管理職に報告すべきこと、報告したこと、保護者や専科教師に連絡すること、主任や管理職に相談することなど、記録を残し、実施したかをチェックしてもれのないように努めることが大切です。

(5) 学級事務・校務分掌処理を記録する

教師は授業のほかに、校務分掌など、多彩な事務処理を行います。今週中に処理する事務を記載し、見通しのある仕事ができるようにすることも、週案の活用の一つです。

3 「学ぶ子ども」は「学ぶ教師」が育てる

(1) 自ら学ぶ子どもの姿

「学ぶ子ども」とは、自ら「生きる力」をはぐくむ子どもです。今、求められている「生きる力」とは、激しく変化する社会において未来を切り拓き、心豊かにたくましく生きる力です。その「生きる力」は次のようにとらえられています（中央教育審議会答申　平成8年7月19日）。

●自分で課題を見つけ、自ら学び、自ら考え、主体的に判断し、行動し、よりよく問題を解決する資質や能力
●自らを律しつつ、他人とともに協調し、他人を思いやる心や感動する心など、豊かな人間性
●たくましく生きるための健康や体力

このような力を身につけるため、子どもたちは学校では各教科、道徳、特別活動、総合的な学

習の時間の学習を通して、それぞれがねらいとする学力を身につけます。現在の学校の教育課程では、学力の獲得について子どもたちが、体験的な学習や問題解決的な学習などを通して主体的、創造的に学ぶことを重視しています（学習指導要領総則　平成10年12月）。

この主体的、創造的に学ぶ子どもの姿を例示してみると上掲のようにとらえることができます。こうした「学ぶ子ども」をどの学級でも育てていきたいものです。

「学ぶ子ども」の姿

○自分の目標や課題を設定できる
○やる気があり意欲的に取り組む
○やり方が分かり自分なりの工夫ができる
○ねばり強く最後までやり通すことができる
○自分のやることに自信をもっている
○友達のよさ、工夫や努力を吸収できる
○やっていることややったことを振り返り自己評価できる

(2)「学ぶ子ども」を育てる教師の力と実践

学ぶ子ども、すなわち主体的、創造的に学び、学力を確かに身につけていく子どもを育てるために、教師は学習指導要領に基づき教

学んだことを自ら説明

育課程を編成し、指導計画を作成して、意図的、計画的、組織的、継続的、発展的に日々の授業を展開しています。その日々の授業が通り一遍の指導や説明中心の、子どもを受け身にする授業では、子どもの学ぶ力はつきません。「学ぶ子ども」を育てるためには、授業を通し実践的に教師自らが学び、教師としての力量を高めることが何よりも効果的です。

子どもの学ぶ力をはぐくむため、「学ぶ教師」が特に大切にすることとして、まず、子どもの理解を深めることが必要です。子ども一人一人が学ぶ意欲があるか、学び方が分かっているか、どのようなことを学ぶことに関心をもっているかなど、授業を通して理解することに努めることです。それにより、指導を適切・的確に行うことができるようになることでしょう。

次に、一人一人の子どもに学ぶ力をはぐくむ授業力を、三つの視点で捉えてみます。

●企画力……指導の目標や子どもの実態をもとに、授業をどのように行うかの構想を立て、その準備や体制を整える力です。教材の開発や工夫、学習活動の環境設定や整備、協力的な指導体制の整備、外部講師の招聘、関係機関との協力・連携なども含まれます。今日、授業は担任と子どもだけでつくられることよりも、多くの人々のかかわりやいろいろな学習環境を活用して行われることが多くなっています。それだけに、教師の授業の企画力がいっそう求められます。

●指導力……実際に展開する授業において、指導計画にそって子どもの学習活動が形成され、発展して充実したものとなるように導いていく力です。大切なことを教える力だけではなく、子どもの学ぶ意欲を高め、学ぶ力が身につくようにする力でもあります。

●評価力……子どもの学習状況をしっかりと把握し、学ぶ力の確保・向上に向けて、適切・的確な指導の手立てを講じる力です。また、企画力や指導力と一体となるものであり、子どもの学習状況を評価することから自己の企画や指導を評価し、改善することのできる力です。評価の観点、評価規準（基準）、評価方法、評価の記録、評価結果の生かし方などを評価計画に適切に位置づけ、活用する力です。

子どもの自己学習能力の向上を教育課程に位置づけ、地道な指導を進めることが大切です。

4 「自己申告書」の書き方と「ステップアップ計画」

(1)「自己申告書」で能力の開発・向上を図る

激しく変化する社会において、学校・教師もそれに対応して変わることが求められています。特に教師の資質・能力のいっそうの開発と向上が期待されています。教育課程編成の基準となる学習指導要領は、時代・社会の変化に応じて、ほぼ一〇年ごとに改訂されています。

しかし、今日の社会の変化はそれ以上に激しいといえるでしょう。そうした状況において、教師は自らその資質・能力の開発や向上に計画的、継続的に取り組み、子どもたちの教育に具体的な成果をあげていくことが必要です。そのために、自己の目標やその実現に向けての取り組み方などを学校経営の目標や方針にそって設定します。その視点としては、学習指導、生活指導・進路指導、学校運営、家庭・地域社会との連携、研究・研修などがあります。

		当初申告E	
		今年度の目標	目標達成のための具体的手立て 「いつまで」　「どのように」　「どの程度」
3 担当職務の目標と成果	学習指導	・自ら見つけた課題に対して意欲的に取り組む学習活動を重視し、自主的な学習意欲を育てる。 ・常に自分の考えを持ち、積極的に学習にと取り組んでいく態度と実践力を育てる。	・家庭学習ノートを1学期には提出を習慣化する。2学期は、自分で週の予定を立てて進める。3学期は、自分で新しい課題をみつけて意欲的に学習する。 ・日常の授業については、発言だけにかかわらず、ノートを丁寧に書けるようにする。1学期は板書を丁寧に写す。2学期は、自分の考えをまとめる。3学期は、自分でノートをまとめる。
		(追加/変更)	
	生活指導・進路指導	・学級のルール作りを徹底し、子供たちの規範意識を育てる。 ・「自分で考えて行動する」と学級目標にもあるように、自発的は行動ができるよう支援していく。	・1学期はほめることを通して、子供との信頼関係を築く。2学期は、どんなことをすべきか、これからやるべきことは何かを考えて行動できるようにする。3学期には、児童同士で判断して行動できるようにする。
		(追加/変更)	
	学校運営	・校務分掌（主に、生活指導の校外担当）について円滑に進めるように務める。	・校外指導担当として、1学期は一斉下校の提案を1ヶ月前にする。2学期は、クリーン運動の時の教室移動の提案を1ヶ月前にする。3学期は、登校班別懇会の計画を2ヶ月前から担当保護者と打ち合わせをする。
		(追加/変更)	
	特別活動・その他	・委員会活動や、クラブ活動への意識を高め、最高学年としての責任感ある行動ができるよう促していく。	・放送委員会、球技クラブでは１学期に基本的な活動内容を覚える。２学期には、自分たちの考えを取り入れた活動を工夫する。３学期には、活動の中心を５年生に移していく。
		(追加/変更)	
4 研究・研修		・校内研究を通して、話す・聞く力の効果的な育成に向けての授業実践の方法を研究する。 ・教育会体育研究部会に参加する。	・６回の研究授業に対して、毎回授業の視点を持って研究に参加する。協議会では毎回一回は発言する。　・体育部会では授業者として、指導と評価の関連についての研究を深めた授業をする。

自己申告書の例

①前年度の成果と課題……前年度の目標にそい、特に課題となったことを明らかにし本年度につなげるように記述する。

②本年度の目標の設定……①との関連で、本年度、特に力を入れて取り組むことや、力をつけようとすることを記述する。

③各観点にそった目標の設定……学習指導や学校運営などの観点にそって、本年度の具体的な目標を記述する。

④具体的な手だての明確化……本年度の目標の実現のため、いつまで・どのように・どの程度など、段階や数値目標化して取り組む姿が見えるように記述する。

⑤成果と課題……③、④にそって成果がどの程度あがり、何が課題として残ったかについて具体的に記述し、次年度につなげる。

キャリアプランの考え方		項目＼教職経験年数		(1年未満) (　　年度)	1　年 (　13年度)	2　年 (　14年度)	3　年 (　15年度)	4　年 (　16年度)	5　年 (　17年度)
自己を知る ↓	□現在のや得意なこと ↓	私の研修テーマ	得意分野		・野球、バレーボール、水泳 ・体育教育　道徳教育				
	□自分の課題を知る ↓		私の課題		・学級経営の方法と工夫 ・国語　聞く話す内容の指導力の向上 ・生きる力をはぐくむ体育学習に向けての指導方法の研究				・意欲的に取 ・学校行事の ・教育相談の ・教科教育の
目標をもつ ↓	□得意なことを伸とを克服する（具体的に） ↓		研修テーマ		①話す聞く学習の指導方法の研究 (初任者研修)	①話す聞く学習の指導方法と年間指導計画の研究 ②体育研究部会への参加 （2.3年次研修）	①話す聞く学習の指導方法と評価の仕方の研究 ②体育研究部会への参加と授業研究	①オープンスペースの活用の仕方 ②体育研究部会への参加	①校内研究への参加 ②体育研究部に参加し、運動量の多い指導方法の研究
		研修実施計画	学習指導研修系		①校内研究 ・講話 ・授業研究 ・授業者 ②体育研究部会 ・講話 ・授業研究 ・授業者 ③算数指導の方法 ④指導と評価の一体化 ○積極的に参加し、指導方法と評価の仕方について研修する。				
キャリアプランを立てる	□どんな資質能力を身に付けるのか、研修を受けるのか。→右表に研修名を記入		[illegible]・[illegible]研修系				①子供の心を育てるカウンセリング ② LD、ADHDの理解と支援	①教育相談初級	
			学校運営研修系		①初任者研修	①2.3年次研修			①学年学級経営の進め方
			特別活動・その他研修系				①情報教育研修		①学級活動の効果的な運営

キャリアプランの例

(2)「ステップアップ計画」で自己の教師像の実現を図る

自己申告が単年度の目標と取り組みであるのに対して、「ステップアップ計画」は長期的な自己の開発・向上の計画です。

教師が必ず受けることになっている研修に初任者研修と十年次研修があります。しかし、初任者研修から十年次研修の間や、十年次研修後の研修は個々の研修に委ねられています。そこで、この間にどのような研修を行い、教師としての力量や専門性をどう高めるかが重要な課題です。

東京都では、平成一五年度から「キャリアプラン」を一人一人の教師が作成することになりました（図「キャリアプラン」）。様式に従い、初任者、一一年目、二一年目、三一年目の一〇年ごとを節目として、一〇年間の見通しを立てて、自己の研修計画を作成します。当該年度には過去の研修経歴や今後の見通しの立て直しなどを考慮し、修正しながら研修計画を作成します。当該年度の研修内容は、自己申告書の内容と合致するように計画します。東京都のキャリアプランの主な内容と記入上の配慮事項は以下のとおりです。参考にして自分で作成してみましょう。

●得意分野……自分が得意としている教科・領域等、生かしたい資質・能力、専門分野等を記入する。今の職場で直接生かすことのできない内容でもよい。

●自分の課題……校長が示す学校経営方針を受けるとともに、職務上の課題や目指す教師像など、将来を見すえた教師としての課題について記入する。

●研修テーマ……自分の課題を受けて、各年度において充実・改善すべき職務上の課題や将来を見すえた教師としての課題解決のための研修テーマなどについて記入する。

●研修実施計画……研修テーマにそって、本年度および将来にわたりどのような研修を受講していくのかについて記入する。過去の主な研修についても記入し、ステージ全体を通して継続的、発展的な研修計画となるようにする。

こうした教師としての資質・能力の「ステップアップ計画」は求められて作成するものでなく、自ら作成し、計画的・継続的に研修して力量と専門性を高めていきましょう。

5 頼りにされる「校務分掌」の進め方

(1) 校務分掌の全体構造や自己の役割を確認する

教育課程を円滑に実施し、子どもたちの教育活動を充実させるため、教職員は授業だけではなく様々な校務をこなし、学校運営を推進しています。それらの校務は個々がばらばらに行うものではなく、様々な仕事を整理し、役割を分担して、意図的、計画的、組織的に行うものです。

学校の校務分掌がどのように編制され、どのように組織化されているか、その全体構造を把握することがまず必要です。そのうえで、自分が分掌する校務は何かを全体構造のなかで確認します。自分の役割だけを見て遂行しているのでは、その校務のもつ位置づけや意義が見えなくなります。分掌する校務は他の校務や教育活動と関連しています。自分の役割を全校の教育活動や他の校務・組織との関連で把握し、全体の運営が円滑になることを目指すことが大切です。

(2) 計画を立て、見通しがもてるようにする

校務分掌を円滑に推進するためには、まず、分掌する仕事について年間の実施計画を作成し、仕事の見通しを立てて、他の教職員に伝えます。分掌する仕事には、転入・転退学の扱いなどのように年間を通して担当するものと、個人面談や運動会などのようにある時期や単一行事などを担当するものがあります。

これらの事務をいつ・どのように行うのか、その計画を立て、学校の全教職員が年間の運営計画のなかで見通しをもてるよう、職員会議などで提案することが必要です。提案の時期は、最低一か月前には、全教職員が計画と見通しをもっているようにします。

事務部（　　）

○**教務**（　　）、（　　）、（　　）、（　　）、（　　）、（　　）、（　　）、（　　）、（　　）、（　　）

- 教育課程の作成・管理…………（　　）
- 学校行事の計画立案…………（　　）
- 授業時数管理…………（　　）
- 時程表・時間割の作成計画と管理…………（　　）
- 学級経営案・週案の記入計画…………（　　）
- 学年通信の管理・年間予定作成…………（　　）
- 教科書・指導書の配給管理・使用教材届…………（各担任）
- 通知表・成績一覧の記入計画と管理・指導要録の整理保管‥（　　）
- 児童出席簿の記入計画と管理、月末統計と報告…………（　　）
- 転入学児、転退学児の事務処理…………転退ー（　　）・転入ー（　　）
- 固定時間割作成管理（特別教室配当含む）…………（　　）
- 補教割り当て…………（　　）
- 職員の研修…………（　　）
- 知能検査の計画・実施…………（　　）
- 学校公開日の計画・学習予定調査、一覧作成・実施…………（　　）
- 学校公開日等アンケート作成、まとめ…………（　　）
- 学校公開日・保護者会等受付準備、来校者数集計…………（　　）
- ぐんぐんタイム習熟度評価集計・統計・考察まとめ…（ぐんぐんタイム委）
- その他教務に関すること…………（　　）

校務分掌例（一部）

学年遠足の提案	学級経営案提出	研究授業提案
❏ 提案作成　4/3	❏ 学級の目標・方針　4/10	❏ 教材研究開始　4/16
❏ 学年会提案　4/4	❏ 保護者会での要望　4/14	❏ 学年会で趣旨の提案　4/20
❏ 実施踏査　4/7	❏ 学級の実態把握　4/20	❏ 指導計画作成　5/9
❏ 学年会検討　4/19	❏ 学習指導の重点　4/25	❏ 分科会提案　5/10
❏ しおり作成　4/30	❏ 生活指導の重点　4/25	❏ 本時案作成　5/24
❏ 学年の事前指導　5/2	❏ 課題のある子ども　4/28	❏ 分科会再提案　5/25
❏ 実施　5/9（雨天延期　5/16）	❏ 年間経営の見通し　5/8	❏ 第1回授業　5/30
	❏ 提出　5/10	❏ 検討修正　5/31
		❏ 第2回授業　6/6
		❏ 検討修正　6/7
※日時は期限内にチェック		❏ 授業提案・校内研究会　6/12

分掌事務計画と進行チェック表

(3)　確実な実施をリードする

各教職員は、ある分掌についてはその担当者に聞けばすべてが分かると認識しています。したがって、担当者は分掌事務のすべてについて精通しておくことが求められます。

また、分掌事務の遂行にあたっては、起こり得る課題を予測してその対策を考えておき、必要に応じて対応できるようにします。

担当者が不在となることもあります。そんな時に、必要事項をすぐ確認できるよう計画書や関係書類の所在を明確にしておきます。

分掌事務等については、日ごろから全校の状況を見渡し、滞っている箇所や困っている教職員に助言や手助けをしたり、あらためて分掌事務について内容や期限などを知らせたりするなど、適宜リーダーシップを発揮することも大切です。

(4) 評価を生かし、改善策を講じて引き継ぐ

分掌事務等の実施後や学期末・年度末などには、学校評価の一環として分掌事務に関する評価を行い、年度等の成果や課題を明らかにします。そのうえで、今後の分掌事務のより円滑な計画・実施のための改善策を工夫します。その際、一人で行わずに、周囲の人の意見を聞いたり、校長、教頭、主幹などの指導・助言を受けることも、視野を広げよりよい改善策を講じるうえで大切なことです。

また、年度代わりで分掌を交代する場合は、それらを次の担当者にきちんと引き継ぐようにします。この引き継ぎがうまくいかないために、学校運営が滞ることが往々にしてあります。新担当者が気がつかないうちに時期が迫ってしまったという失敗もあります。終わったからといって安心せずに、引き継ぎをしっかりとやりましょう。そこまでが担当者としての仕事です。

以上のように、自分の校務分掌の意義や目的を意識し、計画・見通しをもち、責任をもって実施をリードし、結果からさらによい仕事を創りだすことで、頼りにされることでしょう。

6 信頼される「会計処理」の基礎・基本

(1)「公費」と「私費」

公立学校の教育費は「公費（学校予算）」と「私費（学校徴収金）」とでまかなわれています。「公費」とは、学校を設置する地方公共団体の予算として各学校に配分されるものです。教員は直接現金を扱うことはありません。校長の経営方針のもと、配分される予算を備品や消耗品などの校内の予算としてさらに細分化して編成し、執行していきます。執行は契約によります。その権限は地方公共団体にありますが、教育委員会および校長に委任され、事務職員が担当しています。この予算の執行には手続きと時間が必要であり、計画的に行うことが必要です。

「私費」は、保護者から徴収するものです。教員が直接、徴収にかかわり、購入したり支払ったりします。私費の扱いや管理・処理などは正確に進め校長の決裁を得る必要があります。

○給食費	月額4,000円		
○PTA会費	年額2,000円		
○積立金	月額1,000円		
○教材費	月額1,000円（事務処理上のため4月～2月　11か月分）※		
各学期ごとに、教育計画および昨年度同学年会計報告をもとに教材費を見積もる。			
1学期	国語・社会・算数・理科ワーク代	（各230円）	920円
	漢字・計算ドリル代、社会科資料集代	（220円、200円、300円）	720円
	図工および家庭科教材費	（600円、850円）	1,450円
	遠足見学費（交通費等）	（800円）	800円
			合計　3,890円
2学期	国語・社会・算数・理科ワーク代	（各230円）	920円
	漢字・計算ドリル代	（220円、200円）	420円
	図工および家庭科教材費	（800円、1,200円）	2,000円
	社会科見学費（交通費等）	（1,300円）	1,300円
			合計　4,640円
3学期	国語・社会・算数・理科ワーク代	（各230円）	920円
	漢字・計算ドリル代	（220円、200円）	420円
	図工および家庭科教材費	（200円、150円）	350円
			合計　1,690円
※月額教材費（3,890+4,640+1,690）÷11=929.1→1,000（追加徴収しないために多少多く算定）			
○徴収費	したがって月6,000円、年度当初はそれにPTA会費を合わせて徴収する。		

私費年間予算（徴収）計画

(2) 私費負担の内容 ――

私費として保護者に負担を求め、教職員が徴収する具体的品目に、次のようなものがあげられます。

〔各教科共通〕学習ノート、ものさし、三角定規、分度器、コンパス、はさみ、のり、など

〔各教科等〕習字用具一式、個人用辞典、算数セット、そろばん、鍵盤ハーモニカ、リコーダー、クレヨン、絵の具、水彩用具、裁縫用具、体育着、水着、など

〔その他〕図画工作や家庭科での実習・材料費、クラブ活動費、給食費、遠足、移動教室、音楽鑑賞教室、卒業アルバム、など

このように私費負担の内容は多彩です。

個々の費用は少なくとも、トータルでは大きな費用となります。私費負担をできるだけ少なくなるよう努力することが大切です。

(3) 私費の管理と留意事項

私費を適切に管理することは、学校・教職員の信用・信頼にかかわります。最低限必要なものを徴収し、その管理・執行を適正に行い、執行後は速やかに会計報告をすることが必要です。

そのため、学年はじめには、学年の年間指導計画にもとづき公費でまかなえるものと私費を徴収するものとを区別し、私費徴収の年間計画を作成し、その徴収時期などもあわせて決定します。私費の年間徴収計画は、保護者に速やかにお知らせし、協力を依頼します。その際、徴収の金額だけではなく、使用目的を明確にお知らせすることが必要です。また、支払いが終了したあとには、速やかに会計報告を行います。その際、会計担当教員に任せきりにせず、協力して会計の内容を確認・監査することも大切です。もちろん、校長の決裁が不可欠です。

以下はこれらのことを円滑かつ適正に行うための留意事項です。

●「集金のお知らせ」は、学年通信などで集金の目的、集金方法、金額、集金日を明示して、保護者に確実に知らせる。

●集金当日は、担任は先に教室に行き、集金する。また、子どもたちには必ず直接担任に集金袋を提出するように徹底する。
●担任はその場で金額を確認することが望ましい。少なくとも提出者を名簿でチェックする。
●集金後、速やかに領収書または集金袋の領収欄に領収印を押印し、子どもに返却する。
●集金後、全額を確認し、金種別に仕分けして学年の集金袋に入れ所定の保管庫に保管するが、可能な限り速やかに金融機関に預入しておく。

(4) 私費負担軽減の工夫

私費負担はできるだけ軽減することが望ましいといえます。特に理科や図画工作などでの実験器具や材料については、市販のものが多彩にありますが、それらを一つ一つ購入していると大きな額になります。まずは、本当に必要かどうか、公費でまかなうことはできないか、身近な材料や廃材などの活用ができないか、などの検討や工夫が必要です。また、過去に使用したものを再利用できないかということも検討してみましょう。与えられたものより、自分たちで工夫し、苦労してつくったり組み立てたりする体験が大切です。こうした教育的価値の視点からも見なおしてみましょう。

7 「ホウ・レン・ソウ」が正確さ・適切さを支える

(1) 「ホウ・レン・ソウ」は組織的な仕事の基礎・基本 ——

「ホウ」とは「報告」のこと。職務の遂行状況や結果、その成果や課題、今後の対応などを上司や同僚に報告することです。学校では「遠足の挙行報告」や「事故報告」などがあります。

「レン」とは「連絡」のこと。職務を組織的に遂行する時に横の連絡を取り合ったり、全体に重要事項を周知するために連絡し合ったりすることです。また、緊急を要する場合などに連絡網を使って連絡することもあります。学校で多い連絡は、家庭が対象となる場合です。

「ソウ」とは「相談」のこと。職務の遂行にあたっては、その状況の見取りや今後の進め方など、判断に迷うことがよくあります。そんな時には、上司や同僚に相談することです。相談することで、多様な選択肢から適切な判断を導くことが可能となります。

(2)「報告」はまず第一報をすばやく

割印

発第　　号
平成　年　月　日

教育委員会教育長　様

学校名

校長名　　　　公印

事　故　報　告

このことについて、下記のとおり報告いたします。

記

1　事故の種類

2　事故発生の日時　平成　年　月　日（　）　時　分

3　該当児童生徒名　年　組　氏《ふり》名《がな》　（　年　月　日生）

4　該当児童生徒の保護者　氏《ふり》名《がな》　住所

5　担任氏名

6　事故発生の場所

7　事故発生の状況

事故報告書様式例

ことの状況や顚末を報告する際に、すべてを完全に把握し整理してから報告したいのが人情ですが、報告を受ける方からすればそれでは遅いのです。まず、「いつ」「どこで」「だれが」「なにを」「なぜ」「どのように」の５Ｗ１Ｈを、できるだけ早く報告することです。詳細は、第二報、三報でよいのです。第一報をできるだけ早く報告することが大切です。それにより、報告を受けた人は、すばやく対応の構えや対策を準備することができます。その後の第二報、三報により、順次対応を的確にしていくことができます。その際、次報の報告予定の期限を伝えると、さらに適

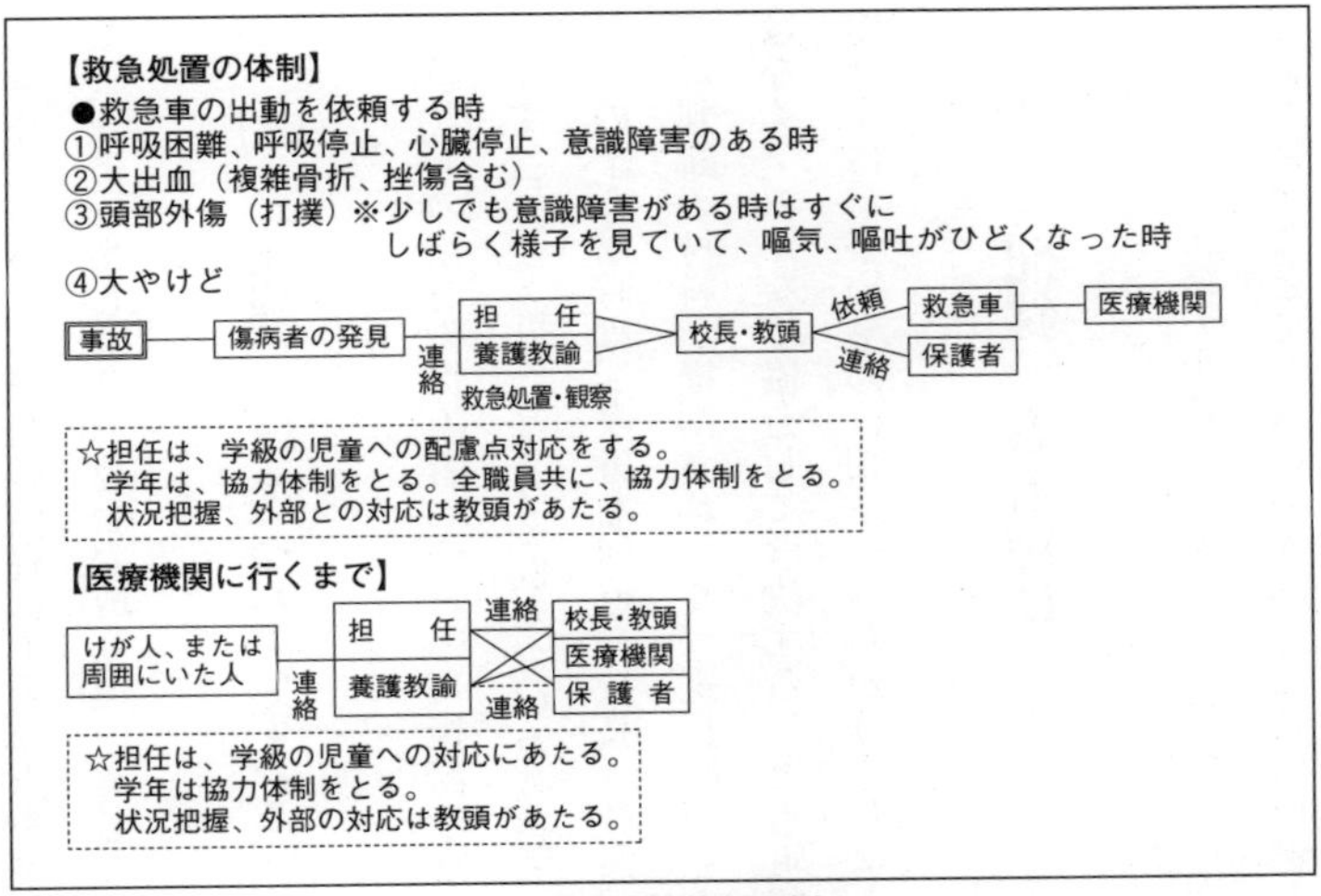
【救急処置の体制】
●救急車の出動を依頼する時
①呼吸困難、呼吸停止、心臓停止、意識障害のある時
②大出血（複雑骨折、挫傷含む）
③頭部外傷（打撲）※少しでも意識障害がある時はすぐに
しばらく様子を見ていて、嘔気、嘔吐がひどくなった時
④大やけど
事故
傷病者の発見
連絡
担　任
養護教諭
救急処置・観察
校長・教頭
依頼
救急車
医療機関
連絡
保護者
☆担任は、学級の児童への配慮点対応をする。
学年は、協力体制をとる。全職員共に、協力体制をとる。
状況把握、外部との対応は教頭があたる。
【医療機関に行くまで】
けが人、または周囲にいた人
連絡
担　任
養護教諭
連絡
連絡
校長・教頭
医療機関
保　護　者
☆担任は、学級の児童への対応にあたる。
学年は協力体制をとる。
状況把握、外部の対応は教頭があたる。

校内の連絡体制の例

切な対応が可能となります。

なお、報告には形式が決まっているものもあります。事前に確認しておきましょう。

(3)「連絡」は正確に、簡潔に、密に

連絡を入れる際には電話やメール、ファックスなどを活用します。その際、用件名を簡潔に示し、内容を個条書きにするなど正確に伝えるようにします。伝える内容を漏らさないため、メモしておくことも必要です。家庭に連絡する際には、届いたかどうかを確認する方法を決めておくことも必要です。

また、相手からの伝言も正しく聞き取るなどに努めることが大切です。この時、聞き取ったことなどをきちんとメモするようにしま

しょう。さらに、連絡の内容に不明な点や納得できない点がある時は、再度連絡し合って確認するようにしましょう。思わぬ取り違いをしないため、連絡を密にすることが大切です。

(4)「相談」は迷ったらすぐに

子どもの指導や保護者への対応、校務分掌の遂行などのうえで、判断に困ることはよくあることです。自分で解決しようと悩んでいたり迷っていたりするうちに、状況の悪化を招きかねません。そのような時は、身近な同僚や校長・教頭、主任などに早く相談することです。相談することで、判断の材料が提供されたり、選択肢が見えてきたりします。あるいは、一人で解決するのではなく、みんなで協力して解決することも可能となり、より適切な判断となります。迷ったら遠慮せずに、早め早めに相談をもちかけましょう。

(5)「記録」も大切に

「報告・連絡・相談」に加えて、それらの内容について「記録」することも大切にしましょう。記録に残すことで、次に何かあった時に前例として参考にすることができます。

8 「ダイコン・アズキ」が飛躍をもたらす

(1) 大胆に、根気よく、小豆に

学校の教育活動は、毎日・毎時の授業を通して行われます。ともすると同じことの繰り返しになり、マンネリ化しかねません。通り一遍の指導では、子どもたちも楽しく学習できませんし、分かる喜びを味わうこともできず、学校がつまらなくなります。一方で、楽しい行事などがあっても、打ち上げ花火的な一発のみであとが続かなくては、教育効果はあがりません。そうした日々は教師の専門性や人間性を高めることにもなりません。教育は意図的、計画的、組織的、継続的、発展的、徹底的に行われる時、その効果があがっていくものです。時に大胆に企画し、創意工夫してみましょう。また計画したことは根気よく続けましょう。「継続は力なり」です。さらに根気よく続けるためには小まめに取り組むことです。この連続が教師に飛躍をもたらします。

総合的な学習での体験的な学習

(2) 大胆な授業の企画が子どもの主体性をはぐくむ

授業には、ねらいと内容があります。その内容を身につけさせるために、教材がありま す。その教材から学ぶために、学習活動があります。教材は、教科書だけではありません。身近な社会や自然の環境、地域の人々など、多彩に存在します。学習活動は先生の話を聞くことだけではありません。これらの人々や環境に、子どもが自分なりの課題をもって自らかかわることも学習活動です。

このような教材や学習活動は、子どもたちの主体的な学びをはぐくむ大きな機会となります。教室での座学での授業も大切ですが、

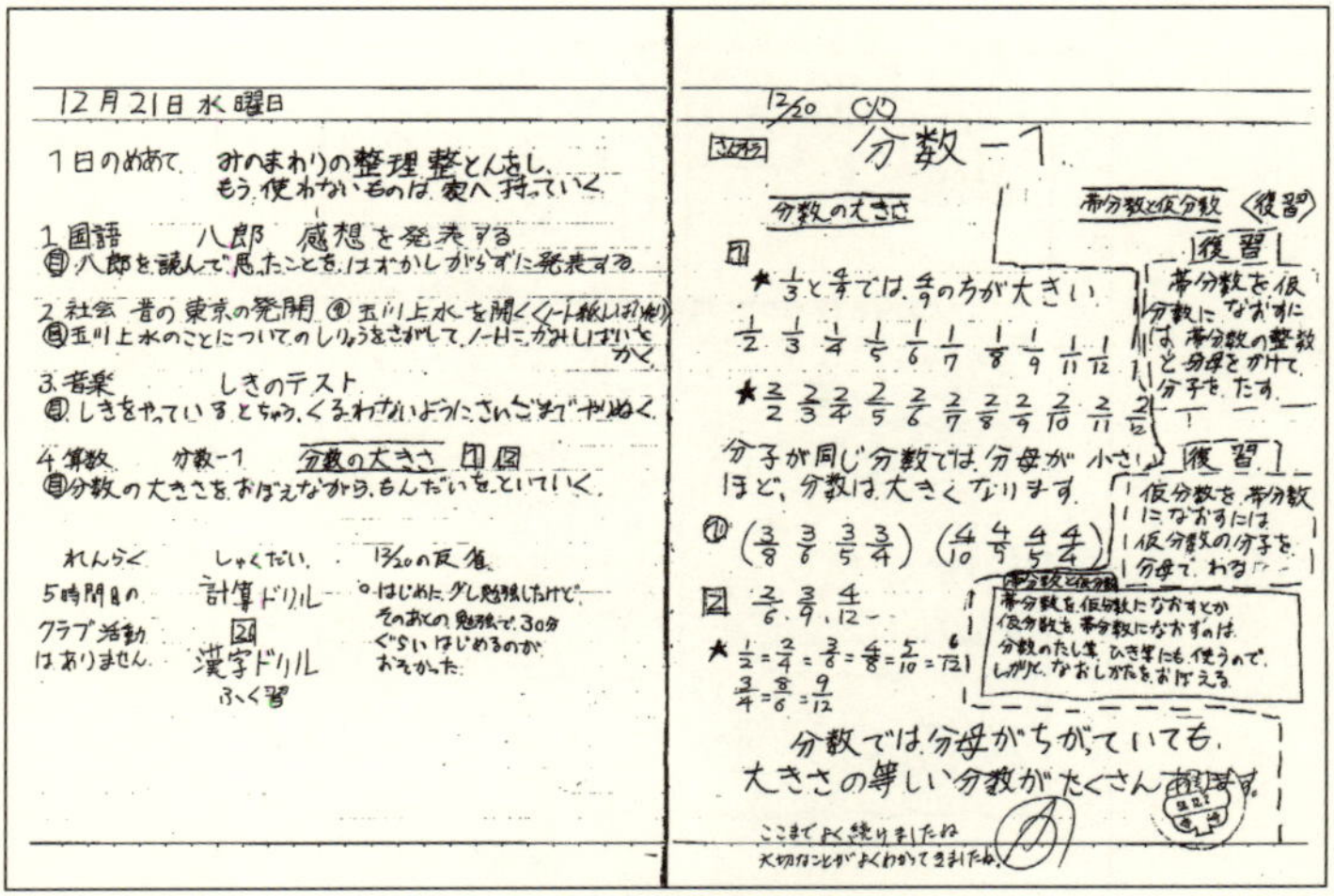

学習計画帳

このように学校内外のあらゆる環境を活用し、体験的な学習や問題解決的な学習を企画していきましょう。子どもたちのダイナミックな活動が展開していきます。総合的な学習の時間がすでにそれを証明しています。

こうした企画は、一人の教師ではなかなかできません。教師同士はもちろん、保護者や地域の人々の協力が必要です。これらを実現させる時、教師としての力量は数段アップしています。

(3)　根気よい小まめな指導が子どもの力を高める

子どもたちの能力を高めるためには、なんといっても教師が根気よく、小まめに手をか

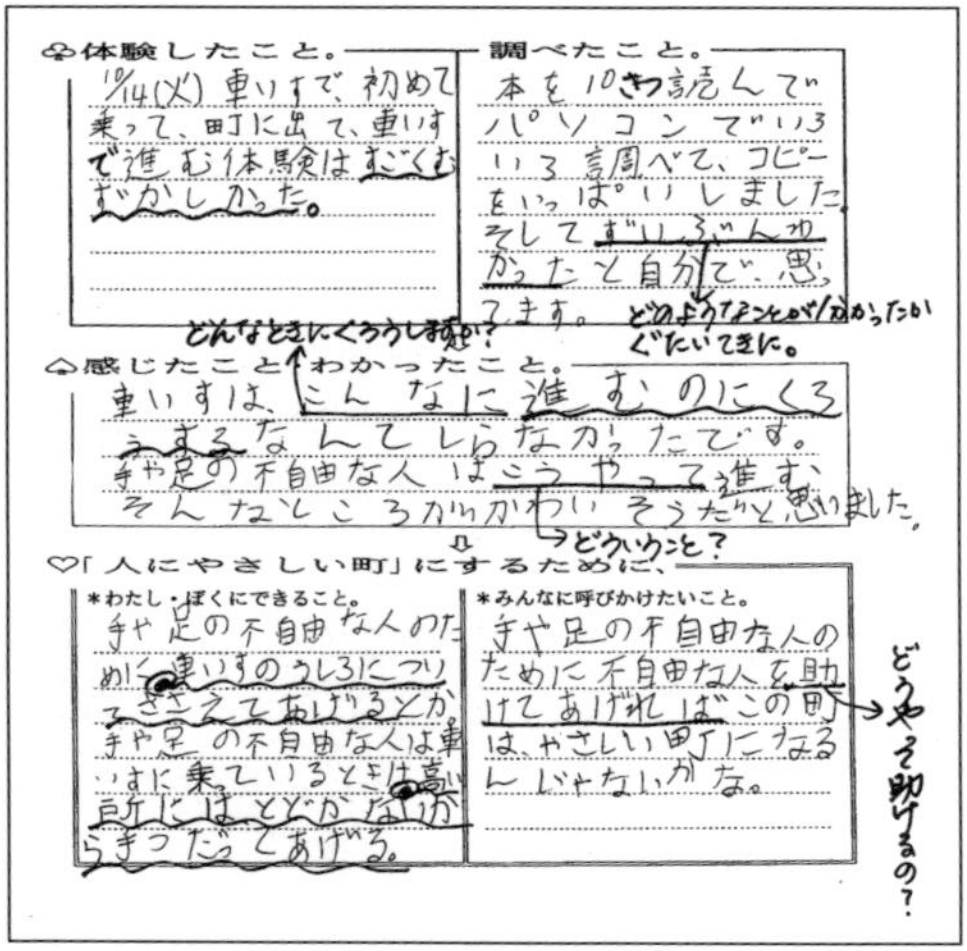

作文添削例

けることです。例えば以下の例があります。

●作文の添削について、一つひとつの文や表現などをほめながら、なおすところをていねいに示してなおさせることで、作文力が向上する。

●学習の予習・復習ノートに小まめに目を通し、工夫や努力を讃える言葉を書き添える。

●年間を通して短作文や文章題の小テストを継続し、その努力や向上を認め励ます。

●ポートフォリオ評価を継続し、作品や評価を積み上げるようにする。

●問題の解き方やものごとの根拠などを作文させ、考え方を説明することを継続する。

こうした根気強い小まめな指導には、時間の取り方に工夫が必要です。そして、教師自らの力量を向上させることにもなるのです。

9 「ストレス解消」も力量の一つ

(1) ストレスの要因

教師の仕事は、子どもを第一として多彩な人間関係によって成立しています。また、その職務は授業の充実ばかりではなく、多様な学級事務や校務分掌、外部との交渉などの円滑な実施や処理が求められます。教師一人一人は授業時間以外にも、子どもとのかかわりや授業の準備などにできるだけ時間をとりたいと願っています。しかし、現実には諸会議や諸対応、事務処理や出張などで、そうした時間が十分に取れないことも多々あります。

こうした職務の際限のなさや人間関係のあつれきなどがストレス（肉体的・精神的な重圧）となり、過度になれば子どもとの人間関係も行き詰まり、職務を円滑に遂行できなくなります。このようなストレスを解消し、職務を円滑に進められるようにすることも教師の力量の一つといえます。

(2) リフレッシュの機会をつくる

ストレスのたまった状況を改善するためには、気分を転換し、疲れた心身をいやし、さわやかにすることが必要です。

そのためには、学校外でスポーツや趣味などを楽しむ機会をつくり、思い切り打ちこむことが一つの方法です。学校や教育関係者以外の社会人とかかわる機会をもつこともよいでしょう。学生時代の友人などと、教育のことを忘れて語り合うことも楽しいものですし、新たな勇気がわいてくるものです。週末や長期休業日に休暇をとり、旅行に出るのもよいでしょう。

また、職場のなかであれば、たまには子どものこと、教材のことなど、じっくりと語り合うことも大切です。同僚や先輩、管理職などのあたたかな人間性や奥深い専門性にふれることができ、それが明日への糧となったり、やる気を起こさせるきっかけとなったりします。このような機会は自分から積極的に求めなくては、なかなか得られません。ぜひ、工夫し、努力してみましょう。

(3)　仕事の仕方を工夫し実務能力を高める

授業の準備、学級事務・校務分掌の処理などでストレスがたまる理由として、これらの実務能力が低かったり、処理の工夫が足りなかったりすることがよくあります。こうした能力も、自ら工夫と努力をすることで高めることが可能です。テキパキと職務を遂行することで気分がすっきりとし、ストレスが解消します。以下は、そのための視点です。

①仕事のねらいを明確にし、その役割や責任を明らかにして取りかかるようにする。
②仕事の処理・遂行にあたって、具体的にどのような仕事をすればよいのか確認したり、自分で列挙したりして、具体的な仕事の課題を設定する。
③多くの仕事のうち何から手をつけるか、順番を決める。
④仕事の遂行・処理の方法を工夫する。教育改革の進行に伴い、新たな仕事も増えているなか、実務処理をどのように行えば効率的・効果的であるか、方法を工夫し改善していく。
⑤遂行・処理の計画や見通しを立て進行状況をチェックする。どの仕事を、いつまでに、どの程度行うのかなどの計画を具体的に示し、進行状況が一覧できるようにする。
⑥とりあえず、すぐに手をつける。担当の職務について、とりあえずこれまでの資料や計画に目

を通しておくと、仕事の概要が理解でき、ほかの仕事との関連からも見通しをもつことができる。

⑦欲ばらないで、計画にそって進める。欲ばって仕事を進めると、後になって疲れがたまったり、能率が落ちたりしてうまくいかなくなる。計画にそって着実に行うことが大切。

⑧評価・改善を適切に行う。仕事をやりっぱなしにせずに、①〜⑤などの視点から過程や事後に評価し、成果や改善点を明らかにして記録に残し、次年度に生かせるようにする。

⑨他者の工夫や努力に学び、吸収する。実務処理に長けている人のノウハウを教えてもらったり見せてもらったりして、吸収していく。

⑩困った時には相談する。仕事を進めていて困ったり、悩んだりしている時は、すぐに周囲に相談すること。いろいろな助言や手助けを得ることで、新たな道が開けるものである。

⑪後始末や廃棄を徹底する。重要な書類などはすぐに保管場所に保管する。必要のないものはすぐに廃棄する。これらをいいかげんにするとやがて混乱のもととなる。

ハンドブック **学級担任の基本**

2004年1月26日　第1刷発行

編　者　小島　宏
発行者　小林一光
発行所　教育出版株式会社
〒101-0051 東京都千代田区神田神保町2-10
電話 03-3238-6965　振替 00190-1-107340

組版　ピーコム
イラスト　市村玲子
印刷　三美印刷
製本　上島製本

ISBN 4-316-80082-5　C3037